Maritimepress

Programmverzeichnis

Maritimepress

Programmverzeichnis

ISBN/EAN: 9783954275106
Erscheinungsjahr: 2012
Erscheinungsort: Bremen, Deutschland

© maritimepress in Europäischer Hochschulverlag GmbH & Co. KG, Fahrenheitstr. 1, 28359 Bremen. Alle Rechte beim Verlag und bei den jeweiligen Lizenzgebern.

www.maritimepress.de | office@maritimepress.de

maritime press befasst sich mit der Herausgabe maritimer Literatur. Der Schwerpunkt liegt dabei auf historischer Literatur zu technischen Themen. Darüber hinaus verlegen wir moderne Literatur wie etwa technische Handbücher. Langfristiges Ziel ist es, das schriftliche maritime Erbe dauerhaft zu erhalten und Betreiber alter Schiffe zu unterstützen. Daneben werden auch neue Titel produziert, sofern sie einen Bezug zur traditionellen Schifffahrt haben.

Der Schifffahrt kam seit alters her bis etwa zur Mitte des 20. Jahrhunderts eine Schlüsselrolle bei der Entwicklung der weltweiten Wirtschaft zu. Entsprechend wichtig waren maritime Technologien. Fortschritt ist keine Erfindung der Moderne. Die Einführung von Vollschiffen, der Dampfmaschine und später des Ölmotors, die ständige Verbesserung der Tonnageleistung und damit der Wirtschaftlichkeit, all dies und natürlich noch sehr viel mehr wurde für die „Schlüsseltechnologie" Schifffahrt penibel dokumentiert. Andere Industriezweige profitierten hiervon in großem Maße. Deutlich sichtbar wird dies etwa am Beispiel der Literatur zur Dampfmaschine im 18. und 19. Jahrhundert, die wesentlich von der Schiffsturbine beeinflusst wurde.

Eine Folge dieser heute verblassten Sonderstellung der Schifffahrt ist in der großen Sorgfalt und dem Umfang zu beobachten, der diese Literatur auszeichnet. Wenn man sich darüber hinaus vor Augen führt, unter welch schwierigen Bedingungen diese oftmals wundervollen Werke entstanden sind, so kann man umso mehr ermessen, wie wichtig es ist, diese zu erhalten. Natürlich gilt das auch für Themen wie etwa dem historischen Jachtbau, der Marine oder der Fischerei.

Wir arbeiten mit Museen und Sammlungen zusammen und erweitern unser Angebot ständig. Darüber hinaus werden wir in Kürze eine Datenbank mit interessanten Informationen – etwa Bauplänen, Rissen, technischen Zeichnungen – online stellen.

Viel Spaß also beim Stöbern!

Umständlicher Bericht von der Plage derer See-Würmer in den Pfählen an den Deichen und Dämmen in Holland und Seeland

1. Auflage 2012
48 Seiten Paperback
19,90 € (D)
Sprache: Deutsch
ISBN/EAN: 9783954271061

Bereits im Jahre 1732 wurden die Küstenbewohner von einer Wurmplage bedroht, deren Ausmaß sich nicht grundlegend von dem heutigen unterschied. Hölzerne Boote und Stege wurden reihenweise Opfer der Tiere. Dieses aus dem Holländischen übersetzte Buch beschreibt anschaulich und lehrreich, wie man dem Getier letztlich erfolgreich zu Leibe rücken konnte.

Erläuterungen zum Flottengesetz (1898)

1. Auflage 2012
260 Seiten Paperback
39,90 € (D)
Sprache: Deutsch
ISBN/EAN: 9783954271108

Im Jahr des Erscheinens des Buchs stand der Reichstag vor der Abstimmung über das erste Flottengesetz des Deutschen Reiches. Der Autor befürwortet vehement das Vorhaben der Aufrüstung der deutschen Hochseeflotte und der Erweiterung der Marine und liefert in dem alphabetischen Nachschlagewerk unter Begriffen von Aeternat bis Welthandelsflotte Informationsmaterial für alle an der Flottenfrage interessierten Kreise. Die Flottenfrage wurde zu einer die Nation einigenden Idee stilisiert.

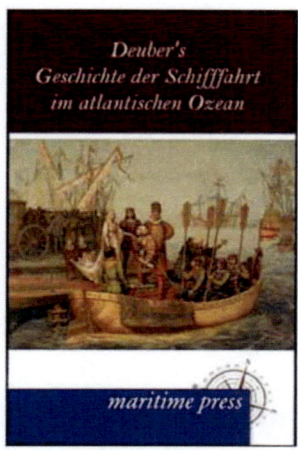 

Deuber's Geschichte der Schifffahrt im atlantischen Ozean

1. Auflage 2012
176 Seiten Paperback
29,90 € (D)
Sprache: Deutsch
ISBN/EAN: 9783954271245

Wer hat Amerika entdeckt? Gab es nicht immer schon Hinweise darauf, dass Columbus den vierten Kontinent nur wiederentdeckt hat?
Professor Deuber, ein bedeutender Historiker seiner Zeit, hat in diesem Buch aus dem Jahre 1814 akribisch und gleichzeitig spannend viele Quellen zusammengetragen, welche die These der früheren Entdeckung Amerikas stützen. Gleichzeitig berichtet er umfassend von den seinerzeitigen Navigationstechniken und den Möglichkeiten der Seeschifffahrt allgemein.

BUKH DIESEL DV 10 + DV 20 WERKSTATTHANDBUCH

1. Auflage 2012
188 Seiten Paperback
29,90 € (D)
Sprache: Deutsch
ISBN/EAN: 9783954271504

Nachdruck des Werkstatthandbuches für die Bukh Diesel DV 10 (1-Zylinder) und DV 20 (2-Zylinder).

BUKH DIESEL DV 8SME/ME WERKSTATTHANDBUCH

1. Auflage 2012
72 Seiten Paperback
19,90 € (D)
Sprache: Englisch
ISBN/EAN: 9783954271511

Nachdruck des Werkstatthandbuchs für die BUKH Diesel DV 8SME und DV 8ME.

Mercedes OM 636

1. Auflage 2012
64 Seiten Paperback
19,90 € (D)
Sprache: Deutsch
ISBN/EAN: 9783954271528

Werkstatthandbuch und Erastzteilkatalog des auch heute noch populären Mercerdes-Benz Öl-Motors (OM) 636, der über 30 Jahre lang produziert wurde.

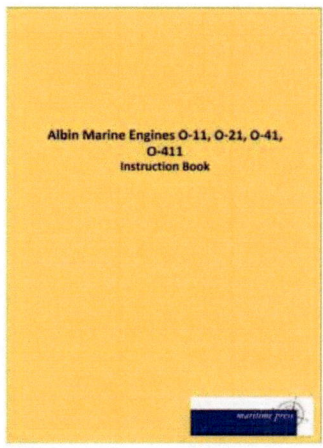

Albin Marine Engines O-11, O-21, O-41, O-411

1. Auflage 2012
24 Seiten Paperback
15,90 € (D)
Sprache: Deutsch
ISBN/EAN: 9783954275021

Reprint of the official Instruction Book about Albin Marine Engines Type O-11, O-21, O-41 and O-411

Mercedes OM 312 (A)/OM 321 (A)/OM 326

1. Auflage 2012
52 Seiten Paperback
17,90 € (D)
Sprache: Deutsch
ISBN/EAN: 9783954271535

Handbuch für die Mercedes-Ölmotoren OM 312, OM 312 A, OM 321, OM 321 A und OM 326. Alle diese Typen finden auch heute noch vielfache Verwendung an Bord von Booten und Schiffen.

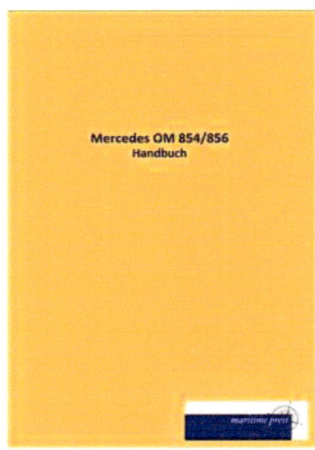

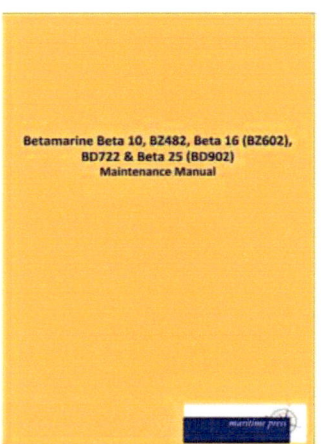

Mercedes OM 854/856

1. Auflage 2012
56 Seiten Paperback
19,90 € (D)
Sprache: Deutsch
ISBN/EAN: 9783954275007

Nachdruck des vergriffenen Handbuchs für die Mercedes Ölmotoren (OM) 854 und 856.

Betamarine Beta 10, BZ482, Beta 16 (BZ602), BD722 & Beta 25 (BD902)

1. Auflage 2012
68 Seiten Paperback
29,90 € (D)
Sprache: Deutsch
ISBN/EAN: 9783954275014

Handbuch für die kleinen Bootsmotoren von Betamarine nebst Getrieben und Kühlern.
Maintenance Manual for the Betamarine small diesel engine range including gear boxes and heat exchangers.

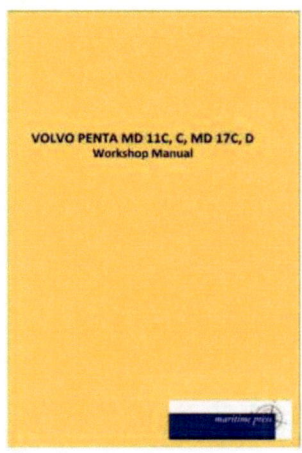

VOLVO PENTA MD 11C, C, MD 17C, D

1. Auflage 2012
48 Seiten Paperback
16,90 € (D)
Sprache: Englisch
ISBN/EAN: 9783954275038

Reprint of the official Instruction Book about VOLVO PENTA Marine Engines Type MD 11C, C, MD 17C and D

VOLVO PENTA MD5A, B, C

1. Auflage 2012
52 Seiten Paperback
19,90 € (D)
Sprache: Deutsch
ISBN/EAN: 9783954275045

Deutschsprachiges Werkstatthandbuch zu den Motortypen Volvo Penta MD5A, B, C.

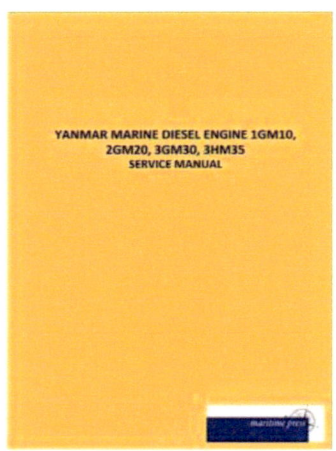

VOLVO PENTA MD5A MARINE DIESEL ENGINE

1. Auflage 2012
40 Seiten Paperback
19,90 € (D)
Sprache: Englisch
ISBN/EAN: 9783954275052

Reprint of the Workshop Manual of the well-known Volvo Penta MD5A Marine Diesel Engine.

YANMAR MARINE DIESEL ENGINE 1GM10, 2GM20, 3GM30, 3HM35

1. Auflage 2012
472 Seiten Paperback
39,90 € (D)
Sprache: Englisch
ISBN/EAN: 9783954275076

Complete Service Handbook and Workshop Manual for the Yanmar Marine Diesel Engines 1GM10, 2GM20, 3GM30 and 3HM35.

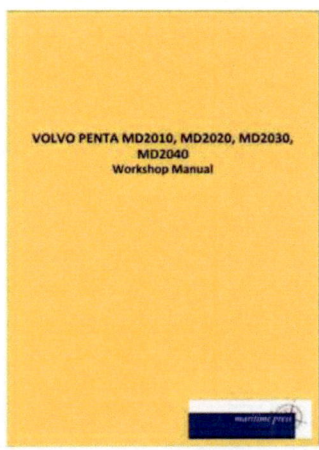
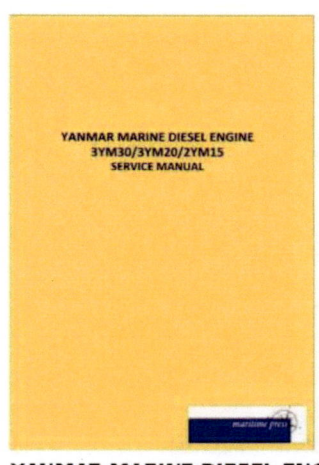

VOLVO PENTA MD2010, MD2020, MD2030, MD2040

1. Auflage 2012
84 Seiten Paperback
24,90 € (D)
Sprache: Englisch
ISBN/EAN: 9783954275069

Workshop Manual for Volvo Penta Marine Engines MD2010, MD2020, MD2030, MD2040.

YANMAR MARINE DIESEL ENGINE 3YM30/3YM20/2YM15

1. Auflage 2012
248 Seiten Paperback
34,90 € (D)
Sprache: Englisch
ISBN/EAN: 9783954275083

Complete Service Handbook and Workshop Manual for the Yanmar Marine Diesel Engines 3YM30, 3YM20 and 2YM15.

YANMAR MARINE DIESEL ENGINE 1SM/2SM/3SM

1. Auflage 2012
108 Seiten Paperback
24,90 € (D)
Sprache: Englisch
ISBN/EAN: 9783954275090

Complete Service Handbook and Workshop Manual for the Yanmar Marine Diesel Engines 1SM / 2SM amd 3SM.

Afeltowicz, Cesary
Wirtschaftlichkeit und Wirkungsweise silikonbasierter Antifoulings bei Seeschiffen

3. Auflage 2012
124 Seiten Paperback
49,90 € (D)
Sprache: Deutsch
ISBN/EAN: 9783954271375

Schiffsrümpfe sind als Hartsubstrate dem Bewuchs ausgesetzt, der den Reibungswiderstand erhöht und somit einen höheren Leistungsbedarf des Schiffes zur Folge hat. Um Bewuchs zu bekämpfen, werden sog. Antifoulinganstriche eingesetzt, die mit toxischen Substanzen versetzt, die Organismen abtöten oder von der Ansiedlung abschrecken. Neueste Entwicklungen gehen in Richtung silikonbasierter biozidfreier Systeme, die einen erheblichen finanziellen Mehraufwand erfordern, jedoch einen starken, langzeitig bewuchshemmenden Effekt versprechen. Mit Silikonfarben ist außerdem - durch ihren glättefördernden Charakter - mit Brennstoffersparnissen gegenüber erodierenden Antifoulings zu rechnen.
Das Ziel dieser Untersuchung ist eine betriebswirtschaftliche Kosten-Nutzen-Analyse und eine ökologische Bewertung von Silikonanstrichen am Beispiel von Referenzschiffen.

Albrecht, Heinrich
Der Segler auf der Niederelbe (1919)

2. Auflage 2012
216 Seiten Paperback
29,90 € (D)
Sprache: Deutsch
ISBN/EAN: 9783954270026

"Seit alten Zeiten geht die Sehnsucht des Hanseaten auf das Meer. Die alte Wikingerfreude am Kampf mit Wogen und Wind treibt den Hamburger noch jetzt fort vom Kontorsessel und von dem Behagen einer gediegenen Häuslichkeit. In Freier Luft und Sonne, im Sturm und Wetter wird er froh und sammelt neue Kräfte zur Tätigkeit im beschiedenen Lebenskreise" (Aus dem Vorwort).

Das Buch aus dem Jahre 1919 ist hervorgegangen aus einem in dem Jahrbuch des Norddeutschen Regatta-Vereins erschienenen Aufsatz über: „Orte der Unterelbe und ihre Ansegelung". Die Schrift wurde gänzlich neu bearbeitet, um viele Themen bereichert und mit umfassendem Bilderschmuck und Kartenmaterial ausgestattet Diese vorliegende zweite, ergänzte und vervollständigte Ausgabe beschränkt sich auf die Niederelbe und ihr Mündungsgebiet und enthält Informationen über das Fahrgebiet, die dortigen Häfen sowie die heimische Fahrzeuge und Fahrzeugtypen wie etwa dem Jollenkreuzer. Es war, zu seiner Zeit, der Segelführer über das Gebiet zwischen Hamburg und der Nordsee.

Heute, fast eine Dekade später, ist das Buch eine der selten gewordenen Quellen über den deutschen Segelsport, das Revier, aber auch über den Bootsbau jener Zeit, der noch sehr viel mehr als heute von Improvisation, Eigenbau und ...

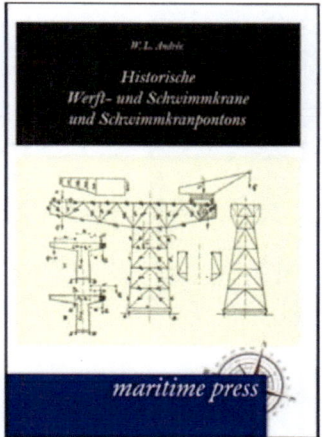

Andrée, W. L.
Historische Werft- und Schwimmkrane und Schwimmkranpontons

1. Auflage 2012
176 Seiten Paperback
39,90 € (D)
Sprache: Deutsch
ISBN/EAN: 9783954270170

Historische Krane sind aus dem maritimen Erbe nicht wegzudenken. Wo immer sie erhalten sind, werden sie liebevoll gepflegt, um der Nachwelt die Technik der Vorväter zu demonstrieren.

Dieses Buch über historische Schwimm- und Werftkrane aus dem Jahr 1919 beschreibt und erläutert deren Entwurf, Konstruktion, Bau und Reparatur. Es erfasst alle Elemente der Statik von Drehkranen, Portalkranen, Hammerkranen, Schwimmkranen und Schwimmkranpontons.

Wer sich heute mit historischen Kranen aus Nordeuropa und hier insbesondere aus Deutschland befasst, kommt an diesem Werk, das sich ursprünglich an Ingenieure und Studenten richtete, nicht vorbei.

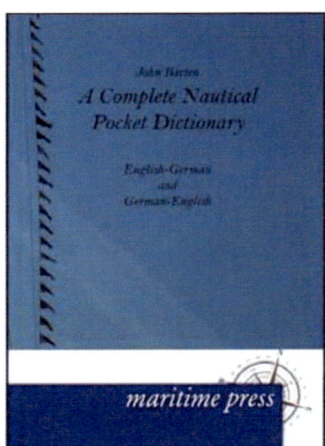

Barten, John
A Complete Nautical Pocket Dictionary

1. Auflage 2012
440 Seiten Paperback
39,90 € (D)
Sprache: Englisch
ISBN/EAN: 9783954270040

Der Engländer John Barten arbeitete in den Jahren vor dem ersten Weltkrieg als vereidigter Dolmetscher bei den Hamburger Gerichten. Sein 1911 erstmals herausgegebenes und hier wieder aufgelegtes Nautisches Wörterbuch war seinerzeit eine kleine Sensation, denn erstmals war es gelungen, alle nautischen Termini komplett zweisprachig auf weniger als 500 Seiten zu erläutern - daher auch die auf den ersten Blick vielleicht irreführende Bezeichnung des "Taschenwörterbuches", das immerhin gut 50.000 Wörter und Begriffe übersetzt und erläutert und damit auch heute noch gute Dienst leisten kann.

Seinen besonderen Reiz erfährt das Buch aber heute aus der Übersetzung vieler Begriffe aus der traditionellen Schiffahrt, die man in modernen Wörterbüchern nicht mehr findet.

Bauer, M. H.
Das Motorboot (1917)

5. Auflage 2012
284 Seiten Paperback
34,90 € (D)
Sprache: Deutsch
ISBN/EAN: 9783954270958

Dieses unfangreiche und reich bebilderte Buch befasst sich mit allen Aspekten historischer Motorboote aus der Zeit bis zum ersten Weltkrieg.

Von einer Typen- und Materialkunde über eine Analyse der Baumaterialien (Holz und Stahl), einer umfassende Beschreibung der Motoranlagen bis hin zu detaillierten Pflege- und Restaurierungstipps enthält es alles Wissenswerte über Sportboote. Abgerundet wird das Buch durch die Beschreibung der praktischen Handhabung und der Seemannschaft auf Booten. Nicht nur deswegen ist das Werk auch heute noch interessant.

Berliner Kleinseglerverband
Die Segeljolle

3. Auflage 2012
196 Seiten Paperback
34,90 € (D)
Sprache: Deutsch
ISBN/EAN: 9783954270934

In den 1920er Jahren erlebten kleine Schwertsegelboote oder Jollen einen großen Aufschwung. Ihre verschiedenen Variationen mutierten zu regelrechten Volksbooten, viele wurden von Eignern selber gebaut. Etliche der in jener Zeit entworfenen und gebauten Fahrzeuge existieren heute noch oder dienten und dienen als Vorlage für Neubauten hölzerner Boote. Dieses Material ist auch heute noch aus gutem Grund etwa bei Jollenkreuzern vorherrschend.

Dieses Grundwerk des Berliner Kleinsegler-Verbandes aus den Jahr 1920 beschreibt in aller Ausführlichkeit alle Bootstypen, deren Takelung und die Bauausführung. Von besonderem Interesse sind heute noch die zahlreichen Risse, Ansichten und Beschreibungen aller Jollentypen sowie das umfassende Verzeichnis der Klassenboote.

Bernoulli, Christoph
Handbuch der Dampfmaschinenlehre für Techniker und Freunde der Mechanik

1. Auflage 2012
484 Seiten Paperback
49,90 € (D)
Sprache: Deutsch
ISBN/EAN: 9783954270163

Dieses Grundwerk von Dr. Christoph Bernoulli (1782-1863), einem renommierten Professor für industrielle Wissenschaften aus Basel, spiegelt seinen unbedingten Fortschrittsglauben und seine Begeisterung für die damals avantgardistische Technik der Dampfmaschine wider. Die industrielle Revolution hatte gerade begonnen und war doch ohne die neue Mechanik undenkbar.

Auch auf Schiffen begann die Dampfmaschine zu jener Zeit, die Segel zu verdrängen und so für erheblich mehr Tempo und Zuverlässigkeit auf den Meeren zu sorgen. In der Anfangszeit der Dampfmaschinenkunde - und aus dieser Zeit stammt dieses Werk - existierten noch keine für die besonderen Verhältnisse des Schiffbaus angepassten Anleitungen zum Dampfmaschinenbau. Es ist überliefert, dass die ersten Konstrukteure auf den Werften seinerzeit auf den "Bernoulli" zurückgriffen.

Heute hat das Werk keinen praktischen, sondern nur noch historischen Nutzen. Diese Neuauflage des ursprünglichen Werkes beinhaltet die - soweit bekannt - europaweit nur noch einmal vorhandenen 12 Steindrucke von Bernoulli aus 1833, die von historisch großem Wert sind.

Bernoulli, Christoph; Böttcher, E.Th.
Bernoullis Dampfmaschinenlehre
1. Auflage 2012
504 Seiten Paperback
59,90 € (D)
Sprache: Deutsch
ISBN/EAN: 9783954270187

Der Baseler Professor Christoph Bernoulli (1782-1863) war einer der großen Vordenker der industriellen Revolution in Kontinentaleuropa. Besonders das Thema der Dampfmaschine hatte es ihm angetan. Bereits in seinem ersten Werk zur Dampfmaschinenlehre spiegelt sich seine Liebe zu dem Thema wider. Es wurde zu einer der Bibeln der Konstrukteure jener Zeit und beständig weiter entwickelt.

Seine höchste Stufe entwickelte das Werk im Jahre 1865, zwei Jahre nach seinem Tod, weiterentwickelt von seinem Kollegen und Freund Professor Böttcher aus Chemnitz. Es unterscheidet sich grundlegend von seinem Frühwerk und kann auch heute noch als technische Unterlage für historische Dampfmaschinen aller Art verwendet werden. Sehr detailliert werden alle Stadien der Dampferzeugung und Verwendung analysiert und alle möglichen Dampfmaschinentypen erläutert. Der Schiffsdampfmaschine ist ein eigenes Kapitel gewidmet.

Beseke, C.
Der Nord-Ostsee-Kanal
1. Auflage 2012
160 Seiten Paperback
29,90 € (D)
Sprache: Deutsch
ISBN/EAN: 9783954270224

Die hohe Bedeutung, die der Nord-Ostseekanal für die maritime Wehrkraft des Deutschen Reiches, aber auch für seine Handelsschiffahrt hatte, veranlasste den Verfasser, im Jahre 1893 das erste zusammenfassende und vollständige Geschichte des Nord-Ostsee-Kanals zu schreiben. Hierbei spielte die Einzigartigkeit des Bauwerkes in jeder Hinsicht eine Rolle. Beseke erkannte damals schon, dass er es hier mit einem wirklichen Jahrhundertbauwerk zu tun hatte, das seinerzeit nicht unumstritten war.

Sein Buch ist heute historisch so wertvoll, weil es zu einer Zeit geschrieben wurde, als der Bau gerade im Wesentlichen abgeschlossen war, als also noch alle Quellen verfügbar waren. Heute, zwei Weltkriege später, ist das natürlich nicht mehr der Fall. So ist das Werk Besekes heute noch von großem Interesse.

Beuse, Bärbel Gisela
Ausbildung auf Traditionsschiffen und ihre Vereinbarkeit mit STCW und MOU

2. Auflage 2012
288 Seiten Paperback
49,90 € (D)
Sprache: Deutsch
ISBN/EAN: 9783954270774

Während in vielen Ländern Segelschiffe zur Berufsschifffahrt zählen und somit auch mit Berufsseeleuten besetzt sein müssen, geht Deutschland einen anderen Weg. Für traditionelle Segelschiffe, welche hauptsächlich ideellen Zwecken oder der Ausbildung von Crews für solche Schiffe dienen, gibt es seit 1991 die Möglichkeit der Betriebsform als Traditionsschiff. Damit verbunden sind Erleichterungen hinsichtlich Ausrüstung und Besatzung.

Diese Regelungen müssen sich heute an internationalen Regelwerken wie STCW und MOU messen lassen. Dieses Buch untersucht, ob und ggf. welche Änderungen im deutschen Regelwerk erforderlich sind, um internationalen Anforderungen gerecht zu werden.

Bodenmüller, Albrecht
Schiffsmaschinen (1923)

1. Auflage 2012
252 Seiten Paperback
39,90 € (D)
Sprache: Deutsch
ISBN/EAN: 9783954270217

In den 1920er Jahren hat der Schiffsmaschinenbau durch Einführung des Heißdampfes die Wirtschaftlichkeit der Schiffsmaschinenanlagen wesentlich verbessert. Man hatte bis dahin aber von einer allgemeinen Einführung des Heißdampfes Abstand genommen, weil vielfach bei höherer Überhitzung Beschädigungen der Kolben- und insbesondere der Schieberliderungen eintraten, was nur durch erhebliche Steigerung der Schmierölmenge verhindert werden konnte. Um diese Ölmenge nicht in den Kondensator und möglicherweise in den Kessel gelangen zu lassen, war die Einschaltung besonderer Entöler von großen Abmessungen in die Abdampfleitung erforderlich. Um diesem zu entgehen, zog man es allgemein vor, auch weiterhin mit Naßdampf zu arbeiten, trotzdem man wusste, dass dies unwirtschaftlich war. Nachdem sich aber die Kohlen- und Heizölbeschaffung immer kritischer und kostspieliger gestaltete, musste man sich zur Einführung der ökonomisch arbeitenden Heißdampfmaschine entschließen. Ihre großen wirtschaftlichen Vorzüge haben alle Vorurteile zurücktreten lassen, und die in der Praxis gemachten Erfahrungen und durchgeführten Verbesserungen haben denn auch diese Vorurteile zum größten Teile beseitigt, so dass die Heißdampfmaschine sich durchsetzen konnte, deren Bauarten, Konstruktion...

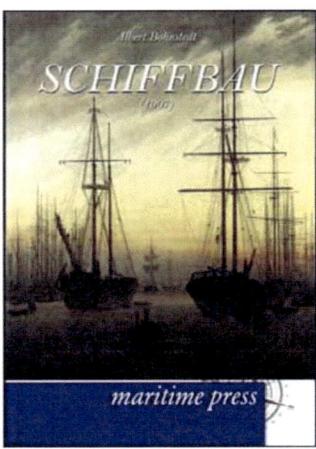

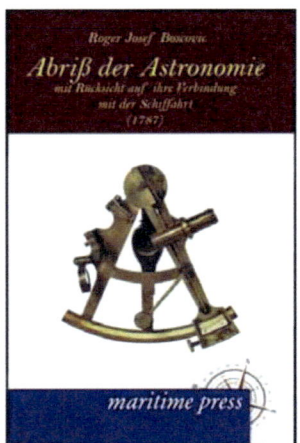

Bohnstedt, Albert
Schiffbau (1907)

1. Auflage 2012
308 Seiten Paperback
34,90 € (D)
Sprache: Deutsch
ISBN/EAN: 9783954270989

Der Schiffbau-Ingenieur Professor Albert Bohnstedt, seines Zeichens Oberlehrer an der Kgl. Höheren Schiff- und Maschinenbauschule in Kiel, schuf 1907 aus seiner beruflichen Praxis heraus dieses Grundlagenwerk zum Thema "Praktischer Schiffbau", das an den Schiffbauschulen binnen kurzem als Standartwerk des angehenden Schiffbauingenieurs etabliert war. Entsprechend umfangreich und vollständig ist das Werk, das den gesamten Schiffbau mit 246 Abbildungen und 12 Tafeln detailliert und lehrreich dokumentiert. Insgesamt ein unentbehrliches Werk für den Liebhaber klassischer Schiffe.

Boscovic, Roger Josef
Abriß der Astronomie mit Rücksicht auf ihre Verbindung mit der Schiffahrt (1787)

1. Auflage 2012
108 Seiten Paperback
29,90 € (D)
Sprache: Deutsch
ISBN/EAN: 9783954271221

Dieses sehr alte Buch aus dem ausgehenden 17. Jahrhundert - eine Übersetzung aus dem französischen - beschreibt sehr anschaulich die Kunst der astronomischen Navigation. Es diente seinerzeit der Schulung der Kapitäne und Steuerleute auf seegängigen Schiffen.

Brix, Adolf
Bootsbau

. Auflage 2012
420 Seiten Paperback
24,90 € (D)
Sprache: Deutsch
ISBN/EAN: 9783954270194

Dieses Buch - ein Nachdruck der berühmten letzten 7. Auflage aus dem Jahr 1929 - verschafft wie kein anderes einen unvergleichlichen Einblick in den Boots- und Schiffbau im Deutschland zwischen den Weltkriegen.
Es befasst sich mit allen denkbaren Bootstypen, legt den Schwerpunkt aber - anders als die ebenfalls bei uns wieder aufgelegten Vorauflagen - auf die Konstruktion und den Bau von Segelbooten und Segeljachten. Mit fast 500 detailreichen Abbildungen war es das Ergebnis einer langen Reihe von Veröffentlichungen des Autors und ist bis heute ohne jede Konkurrenz. Selbst Archive klassischer Jachtbauer und Restaurateure greifen auf dieses Werk zurück, es ist eine Pflichtlektüre für jeden, der sich für klassische Boote interessiert.

Brix, Adolf
Praktischer Schiffbau

1. Auflage 2012
340 Seiten Paperback
24,90 € (D)
Sprache: Deutsch
ISBN/EAN: 9783954270200

Dieses Buch - ein Nachdruck der frühen 4. Auflage aus dem Jahr 1911 - verschafft einen unvergleichlichen Einblick in den Boots- und Schiffbau im Deutschland vor dem zweiten Weltkrieg.
Es befasst sich mit allen denkbaren Bootstypen, legt den Schwerpunkt aber anders als die ebenfalls bei uns wieder aufgelegte spätere Auflage von 1929 auf die Konstruktion und den Bau von ausländischen Fahrzeugen und enthält darüber hinaus unfangreiches Material zu Fischereifahrzeugen, das in der späteren Auflage nicht mehr vorhanden ist. Mit über 300 detailreichen Abbildungen ist bis heute ein großartiges und weitgehend einzigartiges Nachschlagewerk.

Busch; Schubert
Feuerschutz im Schiffsbetrieb
1. Auflage 2012
160 Seiten Paperback
29,90 € (D)
Sprache: Deutsch
ISBN/EAN: 9783954270231

Dieses Buch aus dem Jahr 1939 diente dazu, die Schiffsführung über alle Fragen des Feuerschutzdienstes an Bord von Seeschiffen zu unterrichten sowie Lehrgänge im Feuerschutzwesen vorzubereiten. Hierbei ist ein umfassendes Werk aus der Praxis entstanden, das auch heute noch an Bord von Traditionsschiffen sinnvolle Dienste liefern kann. Darüber hinaus wird der Eigner älterer Schiffe in sinnvoller Weise vor den allgegenwärtigen Feuergefahren sensibilisiert.

Das Buch behandelt die Feuerverhütung, Feuermeldeanlagen, Feuerlöschmittel, Atemschutzgeräte, Feuerlöscheinrichtungen sowie Anleitungen für die Ausbildung und Brandschutzübungen. Ergänzt wird das Werk durch die Zusammenstellung bemerkenswerter Schiffsbrände.

Busley, Carl
Die Entwickelung der Schiffsmaschine (1890)
2. Auflage 2012
232 Seiten Paperback
42,90 € (D)
Sprache: Deutsch
ISBN/EAN: 9783954271047

Dieses Buch aus dem Jahre 1890 befasst sich detailliert und reich bebildert mit allen technischen Aspekten der Schiffs- und Dampfmaschinen und der jeweiligen Peripherie am Ende des 18. Jahrhunderts. Zu seiner Zeit handelte es sich um das deutschsprachige Standardwerk zum Schiffsmaschinenbau. Der Autor Carl Busley war ein bekannter kaiserlicher Marine-Ingenieur seiner Zeit.

Chun, Carl
Aus den Tiefen des Weltmeeres

1. Auflage 2012
664 Seiten Paperback
49,90 € (D)
Sprache: Deutsch
ISBN/EAN: 9783954271382

Die viel beachtete deutsche Tiefsee-Expedition auf der "Valdivia" in den Jahren 1895 und 1899, die innerhalb von zwei Jahren fast alle Weltmeere besuchte und dort systematisch Forschung betrieb, zählt auch heute noch zu den herausragenden Pionierleistungen der deutschen Meerresforschung.
Das aufwendig hergestellte und reich bebilderte Buch wurde erstmals im Jahre 1903 veröffentlicht.

Cook, James; Forster, Georg
Tagebuch einer Entdeckungsreise nach der Südsee in den Jahren 1776 bis 1780

1. Auflage 2012
380 Seiten Paperback
39,90 € (D)
Sprache: Deutsch
ISBN/EAN: 9783954271481

Die Reise des Entdeckers und Kapitäns James Cook und seiner Mitstreiter Clerke, Gore und King in die damals noch weitestgehend unbekannte und unberührte Südsee im ausgehenden 17. Jahrhundert war eine ebenso nautische wie erdkundliche Sensation. Der auf ihr fußende englischsprachige Bericht wurde rasch zu einem der am meisten verkauften Bücher jener Zeit.
So verwundert es nicht, dass unmittelbar nach Ende der Reise in einem für die damalige Zeit regelrecht untypischen Tempo bereits eine deutsche Übersetzung vorlag - liebevoll und mit vielen Anmerkungen angefertigt von Georg Forster, dem berühmten deutschen Naturforscher jener Zeit. Es entstand ein Gesamtwerk, das heute noch fasziniert und – scheinbar ganz nebenbei, aber aus heutiger Perspektive umso eindringlicher – von der Seefahrt, der Navigation und den Segeltechniken auf den alten Schiffen berichtet.

Dülfer, Eberhard
Leinen los!

1. Auflage 2012
748 Seiten Paperback
49,90 € (D)
Sprache: Deutsch
ISBN/EAN: 9783954271405

Als 7. Kind einer großbürgerlichen Familie erlebte der Verfasser dieser spannenden und wendungsreichen Biografie deren finanzielle Krise durch den frühen Tod des Vaters, ging mit 17 Jahren zur Marine, überlebte zwei Schiffsuntergänge und Festungszeit, und kehrte nach gescheiterten Fluchtversuchen erst Ende 1947 aus der Gefangenschaft zurück. 1950 zum Studium zugelassen, promovierte und habilitierte er sich für Wirtschaftswissenschaften und erhielt 1964 einen der damals noch raren Lehrstühle an der TU Darmstadt, später Universität Marburg.

Zwischenzeitlich als ILO-Regierungsbeauftragter in Zentralafrika tätig, knüpfte er nebenamtlich daran an als Research Consultant der OECD und später der FAO/UN mit Projekten in mehr als 25 afrikanischen, asiatischen und amerikanischen Entwicklungsländern. Wie er dies alles erlebte und trotz aller Risiken überlebte, und wem er dabei in unterschiedlichsten Kulturen begegnete, schildert er nach Tagebuchaufzeichnungen in packender Weise.

Düsing, Königl. Baurat
Lehrbuch für die Elbeschifferfachschulen

3. Auflage 2011
492 Seiten Paperback
49,90 € (D)
Sprache: Deutsch
ISBN/EAN: 9783954270033

Die Elbeschifferfachschulen wurden erstmals im Jahre 1855 eingerichtet, um den in der praktischen Schifferei Beschäftigten Gelegenheit zur Fort- und Weiterbildung zu bieten. Sie hatten den Charakter weiterführender Berufsschulen, waren für jedermann ohne Altersbeschränkung zugänglich und ihr Besuch kostenlos. Einzige Bedingung war die Ausübung der Binnenschiffahrt oder eines verwandten Berufes. Solchermaßen breit aufgestellt, wundert es nicht, wenn die Elbeschifferfachschulen den Ruf der maßgeblichen Autorität in allen Fragen der Binnenschiffahrt auf der Elbe und ihren Nebenflüssen erlangten.

Das hier wieder verlegte und aufwändig überarbeitete Lehrbuch für Elbeschifferfachschulen aus dem Jahr 1926 (3. Auflage) war lange Zeit das unangefochtene Standartwerk für die gesamte Binnenschiffahrt auf der Elbe, der Moldau, der Saale, der Jeetzel, der Ilmenau, der Havel, der Spree, der Oder, der östlichen Wasserstrassen bis nach Königsberg sowie aller Kanäle in diesen Regionen von der Nordsee bis nach Ostpreußen.

Heute bietet das Buch nicht nur einen präzisen Einblick in die Anforderungen an Binnenschiffer jener Zeit - Maschinenkunde, Seemannschaft, Navigation, Gewässerkunde, Vorschriften und Behörden, selbst eine kurze Geschichte der Binnenschiffahrt wird dem Les...

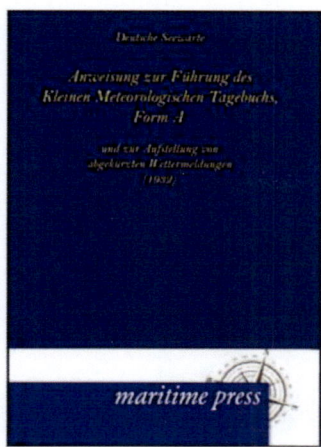

**Deutsche Seewarte
Anweisung zur Führung des Kleinen Meteorologischen Tagebuchs, Form A**

2. Auflage 2012
24 Seiten Paperback
12,90 € (D)
Sprache: Deutsch
ISBN/EAN: 9783954270583

Nach dieser Anweisung aus dem Jahre 1932 haben Generationen von Nautikern gearbeitet - auch heute noch höchst lehrreich.

**Deutscher Seefischerei-Verein
Fischereimotoren**

. Auflage 2012
92 Seiten Paperback
29,90 € (D)
Sprache: Deutsch
ISBN/EAN: 9783954270491

In den 1920er Jahren fand der Öl- und Gasmotor zunehmend Eingang in die Fischerei. Die Erträge wurden erheblich gesteigert, als die Abhängigkeit von Wind und Wetter reduziert wurde. Hinzu kam, dass an Deck von Motorfischereifahrzeugen deutlich mehr Platz war als auf Segel-Fischereifahrzeugen. Allerdings waren die Fischer nicht an die neue Technik gewohnt. Der Umgang mit Maschine und Technik musste gelernt werden.

Hier setzt dieses Werk von 1920 an, das Kapitäne und Fischer mit allen Aspekten der zeitgenössischen Maschinen vertraut machte. Es richtet sich an technische Laien und sticht daher durch eine ebenso einfache wie gut verständliche Ausdrucksweise hervor.

Heute noch besonders interessant ist die Darstellung aller zeitgenössischer Maschinen, allen voran der damals weit verbreiteten Deutz-Motoren, von denen heute noch etliche im Einsatz sind.

Deutscher Seefischerei-Verein
Die Einführung des Motors in die deutsche Segelfischerei

1. Auflage 2012
148 Seiten Paperback
34,90 € (D)
Sprache: Deutsch
ISBN/EAN: 9783954270569

Die 1907 erstmals erschienen Berichte des deutschen Seefischerei-Vereins mit Motor-Fischkuttern und Motorbooten in der Ostsee sind auch heute noch eine Fundgrube für jeden an historischer Seefahrt Interessierten. Insbesondere die detaillierte Darstellung der damaligen Boots- und Segeltechnik und Ausrüstung der Fischereiboote der Ostsee ist in dieser Form einmalig.

Die Tiefsee und ihr Leben
Marshall, William

1. Auflage 2012
364 Seiten Paperback
39,90 € (D)
Sprache: Deutsch
ISBN/EAN: 9783954271610

Die geheimnisvolle Welt der Tiefsee hat den Menschen schon immer fasziniert. Ihre systematische Erforschung begann in der zweiten Hälfte des 19. Jahrhundert, nachdem erste Hinweise auf ihre Be-siedlung mit Lebewesen gefunden worden waren. Zwischen den Jahren 1872 und 1876 startete eine britische Expedition auf der »HMS Challenger« und dokumentierte mit für die damalige Zeit hoch-modernen wissenschaftlichen Geräten und Labors das Leben in der Tiefsee. Der 50 Bände umfassende Forschungsbericht wurde zum Fundament für die moderne Wissenschaft der Ozeanografie. In Deutschland war damals der Zoologe William Marshall einer der führenden Experten in der der Mee-reskunde. 1888 veröffentlichte er eine Monografie zum Leben in der Tiefsee, die die Vorgehensweise und die Ergebnisse der britischen Forscher anschaulich zusammenfasst und die vielen entdeckten Lebensformen in der Tiefsee vorstellt und beschreibt. Der vorliegende Band enthält einen Nachdruck der mit zahlreichen Abbildungen versehenen Originalausgabe.
<i>»Durch die Tiefseeforschung ist eine neue wunderbare Welt bevölkert mit neuen wunderbaren Gestalten den erstaunenden Augen der Menschheit erschlossen worden - eine Welt, die wohl imstande ist, einen jeden denkenden Menschen anregend zu interessieren und dauernd zu f...

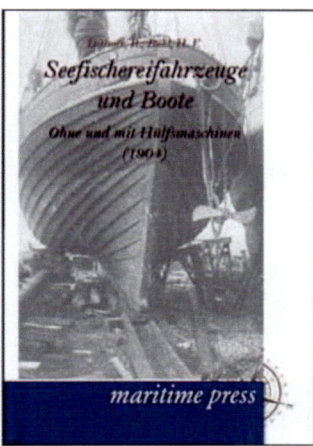

Dittmer, R.; Buhl, H. V.
Seefischereifahrzeuge und Boote ohne und mit Hülfsmaschinen

1. Auflage 2012
196 Seiten Paperback
34,90 € (D)
Sprache: Deutsch
ISBN/EAN: 9783954270705

„Die Konstruktion eines guten Fischkutters mit Hülfsmaschine ist vielleicht eins der schwersten aller schiff- und maschinenbautechnischen Probleme."

Fischfang war in den Zeiten der Jahrhundertwende noch ganz überwiegend Küstenfischerei. Der Ölmotor fand zu jener Zeit Einzug in die kleinen hölzernen Fischereifahrzeuge und stellte die Konstrukteure und Werften vor ungeahnte Probleme. Während große Eisenschiffe mit den Kräften der Maschinenanlagen relativ unproblematisch klar kamen, wurden hölzerne Fischkutter mit den Vibrationen und Drehmomenten, aber auch den Schraubenkräften nur schwer fertig.
Dieses Buch aus dem Jahr 1904 versucht, diese Probleme für alle vorkommenden Fahrzeugtypen zu beschreiben und erläutert in ebenso umfassender wie spannender Weise alle in Deutschland und Dänemark vorkommende Typen von Fischereifahrzeugen mit allen baulichen Details anhand vieler Zeichnungen und Rissen.
Diese Informationsfülle macht das Buch zu einer einzigartigen Erkenntnisquelle über historische Seefischereifahrzeuge.

Douvier, Stephan
MARPOL

1. Auflage 2012
280 Seiten Paperback
68,00 € (D)
Sprache: Deutsch
ISBN/EAN: 9783954271368

Ziel des Internationalen Übereinkommens von 1973 zur Verhütung der Meeresverschmutzung durch Schiffe in der Fassung des Protokolls von 1987 (MARPOL 73/78) ist die Reduzierung des Eintrags von Schadstoffen in das Meer durch die Schifffahrt. Dies soll durch umfassende schiffbauliche Vorschriften, Ausrüstungsverpflichtungen, Betriebsvorschriften und Einleitungsverbote gewährleistet werden. Die Vertragsparteien des Übereinkommens verpflichteten sich, die Vorschriften zum Meeresumweltschutz auf die unter ihrer Hoheitsgewalt betriebenen Schiffe anzuwenden.
Das Buch zieht eine ebenso wissenschaftliche wie engagierte Bilanz aus 30 Jahren MARPOL, zeigt die Schwierigkeiten bei der Anwendung auf und verdeutlicht dabei, welche Grenzen einem umfassenden, internationalen Vertragsrecht gesetzt sind, wenn die Anwendung den Vertragsparteien überlassen wird und somit ein großer Spielraum für den Einfluss von Wirtschaft und nationaler Politik besteht.

Duge, Friedrich
Wohlfahrtseinrichtungen in der Seefischerei

1. Auflage 2012
44 Seiten Paperback
19,90 € (D)
Sprache: Deutsch
ISBN/EAN: 9783954271580

Die schnell wachsende Zahl an Seefischern im frühen 20. Jahrhundert machte die Frage nach ihrer sozialen Versorgung immer dringlicher. Friedrich Duge, zu jener Zeit Direktor des Cuxhavener Seefischmarktes, war einer der Ersten, der die Notwendigkeit von Wohlfahrtseinrichtungen in der Seefahrt erkannte und in Deutschland wesentlich zu ihrer Etablierung beitrug. So initiierte er bereits im Jahre 1908 die Gründung einer Seemannsmission in seiner Heimatstadt.

In seiner 1914 veröffentlichten Abhandlung erläutert Duge die Gründe für die Unerlässlichkeit einer sozialen Unterstützung für die Seefischer und vergleicht das deutsche Modell mit den Wohlfahrtssystemen anderer Seefahremationen, wie England, Frankreich und Holland.

Duse, S. A.
Unter Pinguinen und Seehunden

. Auflage 2012
432 Seiten Paperback
44,90 € (D)
Sprache: Deutsch
ISBN/EAN: 9783954270446

Die dramatische Schwedische Antarktisexpedition wurde von Otto Nordenskjöld und Carl Anton Larsen geleitet. Nachdem die "Antarctic" am Rand des Packeises nicht mehr weiter nach Süden vordringen konnte, entschied Nordenskjöld, mit fünf weiteren Männern auf Snow Hill Island ein Winterquartier anzulegen, während die Antarctic zu den Falklandinseln zurückkehren sollte. Sie blieb allerdings auf dem Rückweg von Nordenskjöld unbemerkt im Eis stecken und sank im Februar 1903. Der Kapitän erreichte mit 16 Mannschaftsmitgliedern nach einem zweiwöchigen Gewaltmarsch die Pauletinsel, wo er überwintern musste. Dieses Buch beschreibt die gesamte Reise packend und authentisch aus der Sicht eines Expeditionsteilnehmers.

Engelhardt, Georg; Ritter (Hg.), Carl
Reise des kaiserlich-russischen Flotten-Lieutenants Ferdinand von Wrangel längs der Nordküste von Sibirien und auf dem Eismeere, in den Jahren 1820 bis 1824

1. Auflage 2012
368 Seiten Paperback
39,90 € (D)
Sprache: Deutsch
ISBN/EAN: 9783954271542

Der kaiserlich-russische Marineoffizier und Geograf Ferdinand von Wrangel nahm im 19. Jahrhundert an drei Weltumsegelungen teil. In die Geschichte der Seefahrt ging seine Polarexpedition in den Nordosten Sibiriens während der Jahre 1820 bis 1824 ein. Der frisch ernannte Lieutenant hatte den Auftrag, die östliche Polarmeerküste - zwischen der Kolyma und der Beringstraße - neu zu vermessen und nördlich der Kolymamündung nach einem großen Land zu suchen, das ein Sergeant Andrejew von den Bäreninseln aus gesehen haben wollte. Das Vorhaben war äußerst riskant. Wegen der widrigen Wetterbedingungen und der rauen sibirischen Natur kam der Expeditionstrupp nur langsam voran und geriet in viele brenzlige Situationen. Trotzdem gelang von Wrangel eine genaue Kartierung der Küste und die Erhebung wertvoller wissenschaftliche Daten, die für die weitere Erforschung der Arktis von unschätzbarem Wert waren. Durch seine Untersuchungen konnte er zudem beweisen, dass die Behauptung von Andrejew nicht der Wahrheit entsprach.

Engelhardt, Georg; Ritter (Hg.), Carl
Reise des kaiserlich-russischen Flotten-Lieutenants Ferdinand von Wrangel längs der Nordküste von Sibirien und auf dem Eismeere, in den Jahren 1820 bis 1824

1. Auflage 2012
328 Seiten Paperback
39,90 € (D)
Sprache: Deutsch
ISBN/EAN: 9783954271559

Der kaiserlich-russische Marineoffizier und Geograf Ferdinand von Wrangel nahm im 19. Jahrhundert an drei Weltumsegelungen teil. In die Geschichte der Seefahrt ging seine Polarexpedition in den Nordosten Sibiriens während der Jahre 1820 bis 1824 ein. Der frisch ernannte Lieutenant hatte den Auftrag, die östliche Polarmeerküste - zwischen der Kolyma und der Beringstraße - neu zu vermessen und nördlich der Kolymamündung nach einem großen Land zu suchen, das ein Sergeant Andrejew von den Bäreninseln aus gesehen haben wollte. Das Vorhaben war äußerst riskant. Wegen der widrigen Wetterbedingungen und der rauen sibirischen Natur kam der Expeditionstrupp nur langsam voran und geriet in viele brenzlige Situationen. Trotzdem gelang von Wrangel eine genaue Kartierung der Küste und die Erhebung wertvoller wissenschaftliche Daten, die für die weitere Erforschung der Arktis von unschätzbarem Wert waren. Durch seine Untersuchungen konnte er zudem beweisen, dass die Behauptung von Andrejew nicht der Wahrheit entsprach.

Förster, Richard
Um den Suezkanal

1. Auflage 2012
100 Seiten Paperback
29,90 € (D)
Sprache: Deutsch
ISBN/EAN: 9783954271412

Dieses Buch aus dem Jahre 1916 befasst sich mit der Situation der Schiffahrt rund um den für viele Länder so bedeutsamen Suez-Kanal. Der Autor, ein deutscher Hauptmann außer Dienst, verschafft dem Leser einen auch aus heutiger Sicht immer noch erhellenden - weil authentischen - Blick auf die komplexe politische und wirtschaftliche Gemengelage, die kurz darauf in der instabilen Region endgültig kulminieren wird und die erhebliche Auswirkungen auch auf die Schiffahrt haben wird.

Firle, Rudolph
Der Krieg in der Ostsee (1914-1915)

1. Auflage 2012
304 Seiten Paperback
39,90 € (D)
Sprache: Deutsch
ISBN/EAN: 9783954271337

Der erste Weltkrieg stand insbesondere zu Beginn im Zeichen der Seemächte. Dieses Werk, herausgegeben vom Marine-Archiv, also von kaum zu überbietender Authentizität, beschreibt die taktischen Überlegungen, aber auch die Kriegshandlungen der Jahre 1914 und 1915, die durch schwere Verluste der kaiserlichen Marine geprägt waren. So entstand ein aus historischer, aber auch marinetaktischer Sicht einmaliges Dokument.
Der 2. Band (1915-1918) wird in Kürze erscheinen.

Flügel, Heinrich
Die deutschen Welthäfen Hamburg und Bremen

1. Auflage 2012
420 Seiten Paperback
39,90 € (D)
Sprache: Deutsch
ISBN/EAN: 9783954270972

Diese umfangreiche Untersuchung der deutschen Seehäfen Hamburg und Bremen kurz vor Ausbruch des Ersten Weltkriegs erfasst alle nur denkbaren Aspekte (Lage, Ausbau, Verwaltung, Geografie, Reedereien und Handelsflotten, Seeanbindung etc.) und stellt damit eine Fundgrube für an der Hafen- und Regionalgeschichte Interessierte dar.
Die Reviere von Außenelbe und Außenweser werden ebenso wie die Häfen und ihre Hinterlandanbindungen beschrieben. Ein wesentlicher Teil des Werkes befasst sich mit der Beschreibung der historischen Hafenanlagen, der jeweiligen ortsansässigen Reedereien und ihrer Handelsflotten.

Friebel, Johannes
Kajak-Selbstbau

1. Auflage 2012
116 Seiten Paperback
28,90 € (D)
Sprache: Deutsch
ISBN/EAN: 9783954270910

Hölzerne Kajaks und Kanus erleben nicht nur hierzulande eine Renaissance. Sie sind schön und schnell, haben gute Fahreigenschaften und sind verhältnismäßig einfach selber zu bauen. Dabei unterscheidet sich ihre Bauweise heute oftmals nicht grundlegend von der in den 1920er Jahren, als der Selbstbau von Holzbooten seinen Höhepunkt erlebte.
Johannes Friebel hat damals dieses Grundwerk zum Kajak-Selbstbau aus Holz oder Leinwand geschrieben, nach dem unzählige Boote entstanden und auch heute noch gebaut werden. Das reich bebilderte Buch enthält neben einer ausführlichen Einführung Risse, Materialverzeichnisse, detaillierte Baupläne und Bauanleitungen.

Friederici, Georg
Die Schiffahrt der Indianer

1. Auflage 2012
140 Seiten Paperback
24,90 € (D)
Sprache: Deutsch
ISBN/EAN: 9783954271030

Diese eingehende wissenschaftliche Untersuchung der Schiffahrt der Indianer erschien erstmals im Jahre 1907 und zählt bis heute zu den besten Darstellungen im deutschsprachigen Raum. Erfasst werden in diesen Studien und Forschungen zur Menschen- und Völkerkunde systematisch alle Indianer Nord- und Südamerikas, deren Schiffahrt im 18. Jahrhundert ihren Höhepunkt erreichte.

Gercke, Hermann
Der Torpedo (1898)

1. Auflage 2012
132 Seiten Paperback
29,90 € (D)
Sprache: Deutsch
ISBN/EAN: 9783954271115

Der Autor schildert die Geschichte der Entwicklung des Unterwassergeschosses vor und während der amerikanischen Bürgerkrieges, stellt die verschiedenen aktuellen Torpedos zu seiner Zeit vor und referiert über Verwendung, Kampfweise und Abwehr.
Dem Anhang über den Untergang des US-amerikanischen Panzerschiffes "Maine" im Hafen von Havanna 1898 sind die Berichte der amerikanischen und der spanischen Untersuchungskommissionen beigegeben.

Gerhards, Max
Ölmaschinen im Schiffsbetrieb

2. Auflage 2012
172 Seiten Paperback
29,90 € (D)
Sprache: Deutsch
ISBN/EAN: 9783954270453

In den 1920er Jahren waren schnellaufende Dieselmaschinen für Schiffe noch weitgehend technisches Neuland. Neben Segeln wurde in erster Linie Dampf für den Antrieb von Schiffen verwendet. Der Dampfantrieb war zwar kraftvoll, erwies sich aber als teuer, störanfällig und wenig flexibel, insbesondere für kleinere Schiffe. So wundert es nicht, dass sich der schnellaufende Dieselotor (damals noch Ölmotor genannt) auch im Schiffbau rasch etablierte.
Gerhards beschreibt den gesamten Schiffsölmaschinenbetrieb jener Zeit in Theorie und Praxis. Das Buch richtet sich in erster Linie an Eigner, Betreiber oder Liebhaber historischer Schiffe.

Germanischer Lloyd
Vorschriften für Klassifikation und Bau von hölzernen Segelyachten

1. Auflage 2012
60 Seiten Paperback
19,90 € (D)
Sprache: Deutsch
ISBN/EAN: 9783954270996

Nachdruck der gesamten Vorschriften des GL für hölzerne Segelyachten von 1926 einschließlich deren Ausrüstung. Das Regelwerk ist heute noch in weiten Teilen für historische Boote maßgebend.

Gilly, William O. S.
Die Seeunfälle der Royal Navy von 1793 bis 1857
1. Auflage 2012
368 Seiten Paperback
39,90 € (D)
Sprache: Deutsch
ISBN/EAN: 9783954270965

Übersetzung der dritten Auflage der Berichte über die spannendsten Schiffsunglücke aus sechs Jahrzehnten Royal Navy-Geschichte von 1864. Basierend auf amtlichen Unterlagen der Admiralität, schrieb William O. S. Gilly ab 1850 die größten Katastrophen in 40 Einzelgeschichten nieder. Hinausreichend über die bloße Schilderung der Schiffsunglücke, bieten die Erzählungen tiefen Einblick in Seefahrt und Seekrieg sowie Leben und Religiosität im Flottendienst des späten 18. und frühen 19. Jahrhunderts. Erstmalig liegt nun eine deutschsprachige Übersetzung von Anton Wielach vor.

Gröner, Erich
Die deutschen Kriegsschiffe 1813-1936
1. Auflage 2012
164 Seiten Paperback
44,90 € (D)
Sprache: Deutsch
ISBN/EAN: 9783954270248

Erich Gröner war ein begnadeter Historiker und Liebhaber alter Schiffe. Seine ganze Leidenschaft galt der deutschen Marine, und zwar insbesondere der Zeit bis zum Ende des ersten Weltkriegs. Seine hier wieder aufgelegte Enzyklopädie aller deutschen Kriegsschiffe aus der Zeit von 1813 bis 1936 ist an Detailreichtum kaum zu überbieten und enthält einen heute ansonsten verloren gegangenen Wissensschatz zur Marinegeschichte Deutschlands.
Gröner erläutert zunächst die Entwicklungsgeschichte des deutschen Marioneschiffbaus und listet sodann alle Fahrzeuge anhand von Listen, Beschreibungen und Skizzen auf. Angerundet wird das Werk durch ein akribisch recherchiertes Kapitel zum Schicksal und Verbleib einzelner Schiffe.

Grundt / Lavroff / Nechajew
Bergung und Hebung von gesunkenen Schiffen

1. Auflage 2012
332 Seiten Paperback
39,90 € (D)
Sprache: Deutsch
ISBN/EAN: 9783954271009

Dieses Buch aus dem Jahre 1927 - eine deutschrussische Gemeinschaftsproduktion - beschreibt anschaulich und anhand zahlreicher Bilder und Zeichnungen, mit welchen Methoden seinerzeit Schiffe geborgen und gehoben wurden. Dabei erschöpft sich das internationale Autorenteam nicht in der Theorie, sondern erzählt anschaulich und spannend aus Praxisfällen.

Gutsch, Hermann
Trimmen und Pflege der Segel

1. Auflage 2012
84 Seiten Paperback
19,90 € (D)
Sprache: Deutsch
ISBN/EAN: 9783954270385

"So schwer es ist, ein Segel zu trimmen und im Trimm zu halten, so leicht ist es, ein Segel zu vertrimmen."
Dieses Handbuch aus den 1920er Jahren beschreibt, was der Regatta- und Tourensegler dieser Zeit wissen musste, um ein damals modernes und heute traditionelles Rigg optimal zu trimmen. Genau dieser Gesichtspunkt macht heutzutage den Reiz des Werkes aus: Über das Trimmen moderner Segel gibt es hinreichend Literatur, aber das Trimmen klassischer Segel bleibt überwiegend Erfahrungssache. Hier setzt dieses Buch an, das in Theorie und Praxis mit zahlreichen Bildern beschreibt, wie gerade traditionelle Segel optimal gestellt werden.
Das Buch enthält darüber hinaus wertvolle Pflege- und Ausrüstungshinweise.

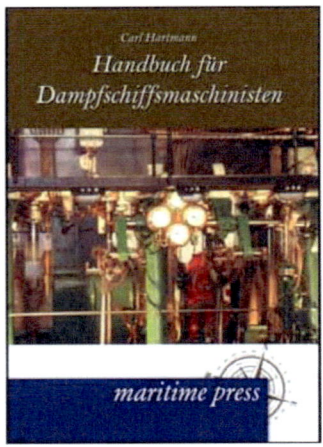

Haetjens / Hüttner / Protzen
Die Kunst des Segelns

1. Auflage 2012
316 Seiten Paperback
44,90 € (D)
Sprache: Deutsch
ISBN/EAN: 9783954270576

Otto Protzen (gestorben 1925) war der Prototyp des Herrenseglers in der Mitte des 19. Jahrhunderts. Sein hier wieder aufgelegtes Buch aus dem Jahre 1914 war lange Zeit der Almanach der deutschen Segler.
Jollensegeln, Segeln auf See, Manöver, Seemannschaft, Navigation, Bootskunde und Regatta-Segeln werden umfangreich und auch für Laien gut verständlich abgehandelt. Dieses Buch ist nicht nur ein wichtiges Zeugnis seiner Zeit, sondern auch darüber hinaus für das Segeln auf klassischen Booten auch heute noch sehr wertvoll.

Hartmann, Carl
Handbuch für Dampfmaschinisten

1. Auflage 2012
152 Seiten Paperback
29,90 € (D)
Sprache: Deutsch
ISBN/EAN: 9783954270712

Das Handbuch für Dampfschiffmaschinisten entstand in den 1930er Jahren, also zur Blütezeit der Dampfmaschinen im Schiffbau. Es wendet sich an den Praktiker, also Maschinisten, Bootsführer und Matrosen jener Zeit, ist heute darüber hinaus aber auch für jedermann von Interesse, der sich mit alten Schiffen und ihren Maschinenanlagen beschäftigt. Der Alltag in den Maschinenräumen jener Zeit wird sehr anschaulich dargestellt.

Hartmann, Carl
Schiffsdampfkessel (1909)

1. Auflage 2012
124 Seiten Paperback
29,90 € (D)
Sprache: Deutsch
ISBN/EAN: 9783954270729

Carl Hartmann war als Bau-Inspektor und Vorstand des Dampfkessel-Konstruktionsbureaus eine der Koryphäen seiner Zeit für Schiffsdampfmaschinen. Seine verschiedenen Werke wurden in viele Sprachen übersetzt und erlangten breite Aufmerksamkeit.
Dieses Buch befasst sich mit den gesetzlichen Rahmenbedingungen des Dampfkesselbaus und deren Revision wie den Material- und Bauvorschriften. Dies alles kommentiert Hartmann aus Sicht eines Praktikers aus der Blütezeit des Schiffsdampfmaschinenbaus, was sein Werk auch heute noch hoch interessant macht.

Hashagen, Ernst
U-Boote westwärts!

1. Auflage 2012
156 Seiten Paperback
19,90 € (D)
Sprache: Deutsch
ISBN/EAN: 9783954270835

Kapitänleutnant Ernst Hashagen schildert in diesem Buch seine Erlebnisse als U-Boot-Kommandant von 1915 bis 1918 in der Nordsee und der irischen See. Entstanden ist ein packendes Werk über den Schrecken des Krieges und gleichzeitig die Faszination der damals neuartigen Technik. Mit der U62 versenkte er gleich mehrere Schiffe, so die Ausonia und die Storstad. Bei Kriegsende musste er sein Schiff in Harwich an die Engländer übergeben – auch dies eine bedrückende Erfahrung.
Das Buch von Hashagen begründete die lange Tradition der U-Boot-Literatur im und nach dem zweiten Weltkrieg.

Heincks, Wilhelm
Berechnung und Schnitt der Segel (1887)

2. Auflage 2012
144 Seiten Paperback
29,90 € (D)
Sprache: Deutsch
ISBN/EAN: 9783954270064

Wilhelm Heincks war gelernter Segelmacher und fuhr über 20 Jahre auf den Windjammern seiner Zeit. Speziell auf den langen Reisen nach Ostindien oder Chile waren die Besatzungen darauf angewiesen, die Segel ihrer Schiffe regelmäßig zu reparieren oder gar vollständig neu zu nähen. Das Handwerk des Segelmachers war damals eine an Bord selbstverständliche Disziplin.

Heincks hat in seiner langen Fahrenszeit erlebt, wie auch bei nur vergleichsweise geringfügigen Beschädigungen Segel durch unsachgemäße Reparaturen - etwa an den empfindlichen Lieken - mehr oder weniger unbrauchbar wurden. Er fühlte sich daher bemüßigt, dieses Buch aus seiner langjährigen Erfahrung heraus zu schreiben. Es wurde für lange Zeit die „Segelbibel" der Fahrensleute auf Segelschiffen.

Dabei beschreibt Heincks nicht nur die Segel und ihre Schnitte auf großen Windjammern, sondern auch traditionelle Segel etwa auf kleineren Gaffeln und gibt wertvolle Hinweise auf den optimalen Schnitt, die optimale Verarbeitung und die sachgerechte Reparatur.

Henking, H.
Die Ostseefischerei

1. Auflage 2012
248 Seiten Paperback
36,90 € (D)
Sprache: Deutsch
ISBN/EAN: 9783954271313

Dieses im Jahre 1929 erstmals veröffentlichte Werk des Generalsekretärs des Deutschen Seefischereivereins H. Henking beschreibt umfassend Geschichte und Stand der deutschen Ostseefischerei zwischen den Weltkriegen, also zu ihrer Blütezeit.

Neben regionalen Besonderheiten legt der Autor besonderen Wert auf die Beschreibung der seinerzeit verwendeten Fischereifahrzeuge und ihrer Technik. Nicht nur wegen der zahlreichen seltenen Abbildungen handelt es sich hier um ein einmaliges historisches Dokument.

Herner, Heinrich; Beyer, Horst
Schiffbau

1. Auflage 2012
236 Seiten Paperback
39,90 € (D)
Sprache: Deutsch
ISBN/EAN: 9783954270941

Dieses mehrfach fortgeschriebene Grundlagenwerk zum gesamten Schiffbau aus dem Jahr 1926 befasst sich sowohl mit dem theoretischen wie dem praktischen Schiffbau. Dabei werden Handels- wie Kriegsschiffe behandelt. Selbst den frühen Flugzeugträgern ist ein Kapitel gewidmet. Das Buch hebt sich durch seine verständliche Sprache und gute, auch für Laien verständliche Ausdrucksweise von den Fachbüchern seiner Zeit ab.

Heymann, C. E.
Konstruktion und Selbstbau hölzerner Beiboote mit und ohne Besegelung

1. Auflage 2012
112 Seiten Paperback
29,90 € (D)
Sprache: Deutsch
ISBN/EAN: 9783954270132

Beiboote sind seit jeher ein wichtiges Thema im Bootssport. In einer Zeit, in der Yachten noch häufiger selber gebaut wurden, galt dies natürlich erst recht für die kleineren, einfacheren Beiboote aus Holz und Metall. Der Autor hat in diesem im Jahre 1922 erstmals erschienen Werk versucht, das gesamte Wissen seiner Zeit über Beiboote zusammenzufassen und übersichtlich zu präsentieren. Es wundert nicht, dass er damit aus dem Stand einen Bestseller schuf, nach dessen Regeln hunderte Boote entstanden.
Das Buch richtet sich in erster Linie an den Selbstbauer. Es enthält buchstäblich alles, was man wissen muss, um ein hölzernes Kleinboot zu planen, zu entwerfen und zu bauen. Dabei werden alle Bauformen und Baumaterialien jener Zeit - im Wesentlichen also Holz und Sperrholz, Stahl und Aluminium - behandelt.
Bei der Bauausführung werden Scharpie, Knickspant, Shipjack, Klinker, Karweel, diagonal sowie Stahl- und Aluminium sowie Klapp- und Faltboote im Detail beschrieben.
Der Autor zeigt den Bau von Dinghies, Jollen, Schaluppen, Kuttern, Gigs und Motorbeibooten und widmet auch dem Antrieb (Ruder, Riemen, Segel, Außen- und Innenbordmotoren) weiten Raum.

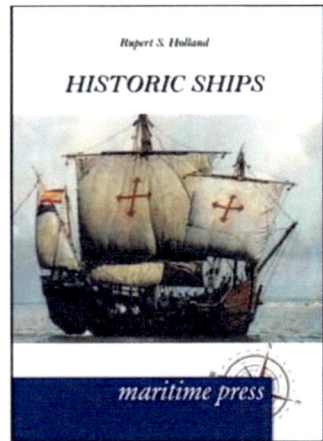

Hilker, Christian
Die Siegesfahrt der Bremen
1. Auflage 2012
204 Seiten Paperback
29,90 € (D)
Sprache: Deutsch
ISBN/EAN: 9783954270514

Kommodore Adolph Ahrens, der letzte Kapitän des Lloydschnelldampfers „Bremen", wurde berühmt, als es ihm und seiner Besatzung mit Hilfe eines klug gewählten Umwegs über einen russischen Hafen gelang, die vom Beginn des zweiten Weltkrieges auf hoher See überraschte „Bremen" den Häschern zum Trotz unversehrt nach Bremerhaven zu bringen. Diese einmalige Tat, die in aller Welt bewundert wurde, stellte als Durchbruch der Blockade ein Glanzstück seemännischen Könnens und Wagemuts dar.
Dieses Buch erzählt ebenso unprätentiös wie spannend das gesamte Abenteuer nach.

Holland, Rupert S.
Historic Ships
1. Auflage 2012
416 Seiten Paperback
44,90 € (D)
Sprache: Englisch
ISBN/EAN: 9783954271436

Ships have played an important role in the history of many nations, from the ancient until the modern world. This book discribes in detail almost all kinds and types of historic ships from the Vikings until the battleships of the 19th century. The wonderful illustrations of Manning Lee, member of the Naval Academy at Annapolis, complete this rare book.

Holzhauer, Kapitän
Segel-Anleitung für die Mündungen der Jade, Weser und Elbe

1. Auflage 2012
72 Seiten Paperback
24,90 € (D)
Sprache: Deutsch
ISBN/EAN: 9783954270620

Dieses Buch aus dem Jahr 1878 beschreibt die damals wie heute äußerst schwierige Ansteuerung der Flussmündungen in der deutschen Bucht für Nautiker und Sportbootführer. Sände, Wracks, Untiefen, Gezeiten, Stürme: Wie unsere Vorfahren ohne Radar und GPS mit diesen Herausforderungen fertig geworden sind, zeigt dieses Buch ebenso eindringlich wie anschaulich.
Dabei kann man heute noch von dem Umgang unserer Vorväter mit Gezeiten und Sänden lernen.

Hrabak, Josef; Kas, Adalbert
Hilfsbuch für Dampfmaschinen-Techniker

2. Auflage 2012
596 Seiten Paperback
69,90 € (D)
Sprache: Deutsch
ISBN/EAN: 9783954271214

Dieses Grundwerk für Dampfmaschinen-Techniker aus dem Jahr 1891 (2.verbesserte und ergänzte Auflage) enthält in einem praktischen und einem theoretischen Teil jegliche Informationen zum Betrieb von Dampfmaschinen aller Hauptgattungen und aller Größen für die verschiedensten Spannungen und Füllungen.
Besondere Kapitel befassen sich mit der Schiffs-Dampfmaschine und ihren Besonderheiten.
Es handelt sich hier um eines der umfangreichsten jemals in deutscher Sprache erschienenen Werke über Dampfmaschinentechnik.

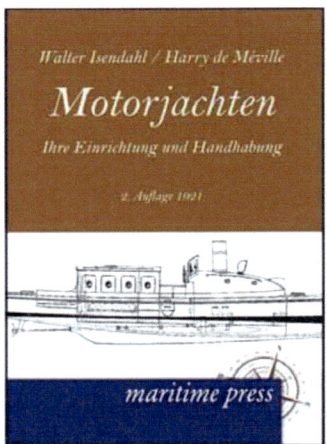

Isendahl, Walter; Meville, Harry
Motorjachten

2. Auflage 2012
160 Seiten Paperback
29,90 € (D)
Sprache: Deutsch
ISBN/EAN: 9783954270071

Die erste Auflage dieses Buches der Motorschiff- und Jacht-Bibliothek erschien im Jahre 1908 aus der Feder von H. de Méville als Band 32 der Auto-technischen Bibliothek. Das damals zur Verfügung stehende Material an rein deutschen Jachtkonstruktionen war verhältnismäßig gering, da die Entwicklung dieser Fahrzeuge in Deutschland dem Ausland, namentlich Amerika und England, gegenüber noch weit im Hintertreffen war. Das hat sich seit 1908 dank der rührigen Tätigkeit des 1906 gegründeten Deutschen Motorboot-Klubs und des 1907 gegründeten Motorjacht-Klubs von Deutschland erheblich zugunsten der deutschen Industrie geändert.
Aus dieser Entwicklung ergab sich, dass bei einer Neubearbeitung des Bandes auf die Abbildung und Beschreibung englischer und amerikanischer Konstruktionen verzichtet werden konnte. Deshalb soll auch das Buch in erster Linie dazu dienen, dem Leser über den Stand des deutschen Motorjacht- und Motorbootbaues einen kleinen Überblick zu geben und ihm die Auswahl dessen zu erleichtern, was er für seine Zwecke am Geeignetsten hält. Dagegen konnten die Abschnitte über „Ausrüstung", „Seemannschaft" usf. unverändert beibehalten werden.

Janssen; Lange
Handbuch der Schiffahrtskunde

1. Auflage 2012
300 Seiten Paperback
39,90 € (D)
Sprache: Deutsch
ISBN/EAN: 9783954270255

Dieses Buch diente fast 30 Jahre lang als Standardwerk für die Ausbildung von Kapitänen und Steuerleuten an der deutschen Küste. Es enthält von den Grundlagen der Arithmetik über Navigation, Meereskunde, Schiffskunde, Schiffs- und Personalführung, Gesetzen bis hin zur Sternkarte alles, was ein angehender Schiffsführer wissen musste.
Auch heute ist das Werk trotz seines Alters noch in der Praxis relevant, etwa bei der Erläuterung der Strömungen an Nord- und Ostsee. Wer sich für traditionelle Seemannschaft interessiert, findet hier ein umfassendes Kompendium der Seefahrtkunst zu einer Zeit, als das GPS noch nicht erfunden war.
Von besonderem Interesse sind heute die Kapitel zur Hochseefischerei mit verhältnismäßig kleinen Booten, die es schon lange in dieser Form jedenfalls in der Berufsschiffahrt nicht mehr gibt, die man aber getrost zur Königsklasse der Seefahrt rechnen kann - jedenfalls im Hinblick auf die seemannschaftlichen Anforderungen.

Judaschke, Franz
Die Grundlagen des praktischen Schiffbaus (1926)

1. Auflage 2012
112 Seiten Paperback
29,90 € (D)
Sprache: Deutsch
ISBN/EAN: 9783954270392

Dieses Grundlagenwerk zum Schiffbau befasst sich mit den elementaren Regeln, nämlich der Schwimmfähigkeit, der Formgebung, den Baustoffen, den Konstruktionsformen (Holz- und Eisenschiffbau, Klassifikation), der Typenbildung und den Schiffsstilen. Ein großer Abschnitt befasst sich darüber hinaus mit Einrichtung, Ausrüstung und Instandhaltung von Schiffen. Dabei richtet sich das Buch weniger an den Ingenieur denn an den praktischen Nautiker und den Selbstbauer von Kleinbooten und Yachten, denen ebenfalls weiter Raum gewidmet wird. Die Sprache ist leicht verständlich und auch für den Laien begreifbar.

Kaiserliche Admiralität
Rang- und Quartierliste der Kaiserlich Deutschen Marine für das Jahr 1888

1. Auflage 2012
148 Seiten Paperback
29,90 € (D)
Sprache: Deutsch
ISBN/EAN: 9783954271603

Als Wilhelm II. im Jahr 1888 zum deutscher Kaiser gekrönt wurde, erhielt er auch die oberste Befehls-herrschaft über die Marine. Er war den Seestreitkräften seines Reiches besonders zugetan und entwi-ckelte einen ehrgeizigen Plan für den Ausbau der Flotte. Der junge Kaiser wurde zur treibenden Kraft hinter der Navalisierung der deutschen Politik.
Die von der damaligen Kaiserlichen Admiralität erstellte Rang- und Quartierliste für das Jahr 1888 führt alle Ranginhaber der Marine auf und informiert über deren Stellung und Dienstrang sowie über erhaltene Beförderungen und Auszeichnungen. Das umfassende Nachschlagewerk zählt noch immer zu den wichtigsten historischen Quellen zur Geschichte der deutschen Seestreitkräfte unter dem letzten deutschen Kaiser. Nachdruck der Originalausgabe.

König, Paul
U 155 - Das erste Untersee-Frachtschiff
1. Auflage 2012
296 Seiten Paperback
39,90 € (D)
Sprache: Deutsch
ISBN/EAN: 9783954271139

Paul König, Kapitän des Norddeutschen Lloyd und Marineoffizier, beschreibt im vorliegenden Band die Fahrten des ersten Untersee-Frachtschiffes U 155 (Deutschland). Die Konstruktion von Handels-U-Booten wurde notwendig, da das Deutsche Reich im Ersten Weltkrieg aufgrund der englischen Seeblockade vom Überseehandel weitestgehend abgeschnitten war. Vordringliches Ziel war es, strategisch wichtige Rohstoffe, die für die Weiterführung des Kriegs hilfreich waren, sicher aus Übersee ins Land zu befördern. Heraus kam ein einerseits extrem unwirtschaftliches, weil kleines und nur wenig tragfähiges Frachtschiff, dem es dann aber doch aufgrund der seltenen Ladung gelang, mit nur einer einzigen Fahrt nach New York seine Baukosten mehr als einzufahren.

Eindringlich beschreibt König den Alltag und die Zustände auf dem U-Boot, das unter Umgehung der englischen Blockade in der Nordsee seine Reise durch den Atlantik und zurück erfolgreich meisterte.

Im Zuge des Kriegseintritts Amerikas wurden die Frachtfahrten eingestellt und U 155 zu einem militärisch genutzten U-Boot umgebaut.

Königlich-technische Deputation für Gewerbe
Vorlege-Blätter für Schiff-Bauer von 1835
1. Auflage 2012
60 Seiten Paperback
44,90 € (D)
Sprache: Deutsch
ISBN/EAN: 9783954271016

Im 18. Jahrhundert war Schiffbau noch ein Fall für Individualisten. Erfahrungen wurden über Generationen weiter gereicht, aber nur in den seltensten Fällen schriftlich der Nachwelt überlassen oder gar dem entfernten Nachbarn mitgeteilt. Das Rad wurde also im Schiffbau, einer damals noch sehr regionalen Kunst, immer wieder und an verschiedenen Stellen neu erfunden. Diese Situation war dem Fortschritt abträglich, was an höherer Stelle erkannt wurde.

Zur Abhilfe wurden im Jahr 1835 diese Vorlege-Blätter für Schiff-Bauer verfasst und allen interessierten Werften und Bootsbaumeistern zur Verfügung gestellt. Sie sollten dazu dienen, allgemein gültige, in der Praxis getestete Pläne und Konstruktionen weiter zu verbreiten und so den modernen Schiffbau voranzutreiben. Sie hatten also gewissermaßen Normencharakter.

Die für die Zeit sehr sauber und aufwändig gezeichneten Pläne sind auch heute noch sehr interessant, wenn ein altes Schiff restauriert werden soll, da die Detailzeichnungen viele Grundsätze der althergebrachten Techniken erhellen.

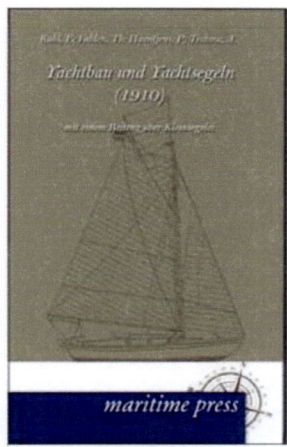

Kühl,E.; Vahlen,Th.; Haentjens,P.; Techow,A.
Yachtbau und Yachtsegeln (1910)

1. Auflage 2012
432 Seiten Paperback
39,90 € (D)
Sprache: Deutsch
ISBN/EAN: 9783954270279

Dieses Buch aus dem Jahr 1910 war – neben den berühmten „Bootsbau" von Brix – das Vademecum des Selbstbauers und Yachtseglers dieser Zeit. Es handelte es sich um einen regelrechten Bestseller, der immer wieder neu aufgelegt werden musste, um die große Nachfrage zu befriedigen. Das Buch ist ähnlich umfangreich wie der „Brix", richtet sich aber mehr als dieser an den Amateur und Selbstbauer, erläutert also die Grundlagen des Bootsbaus und der damit verbundenen Handwerke von Grund auf.

Inhaltlich gibt es keine Lücken, von Paddelbooten bis hin zu Kreuzeryachten, Renn- und Tourenbooten wird alles Wissenswerte auf gut 400 Seiten gut verständlich dargelegt. Unterstützt wird das Buch durch zahlreiche Risse und Abbildungen bekannter Schiffstypen, etwa der legendären Werft „Abeking und Rasmussen".

Auch Bootspflege, Takelung, die Segel und vieles andere wird behandelt – bis hin zur Konstruktion einer „Eisyacht". Spätestens hier wird das Buch einmalig.

Küst, Ernst
Handbuch für Überholungsarbeiten an Motor-, Segel- und Ruderbooten, nebst praktischen Winken

. Auflage 2012
72 Seiten Paperback
29,90 € (D)
Sprache: Deutsch
ISBN/EAN: 9783954270262

Es hat sich erwiesen, dass die traditionellen Methoden der Bootspflege insbesondere bei hölzernen Booten heute noch vielfach Gültigkeit besitzen. Neue Werkstoffe, Lacke, Dichtmaterialien etc. sind oftmals nicht für alte, organische Materialen gemacht und richten manchmal mehr Schaden als Nutzen an. Es ist für Besitzer klassischer Boote daher lehrreich zu wissen, wie ihre Boot „zu Lebzeiten" gepflegt, repariert und restauriert wurden.

Dieses 1925 in völliger Neubearbeitung erschienene „Handbuch für Überholungsarbeiten an Motor-, Segel- und Ruderbooten" war lange Jahre das deutschsprachige Standartwerk zur Pflege und Reparatur von hölzernen und stählernen Sportbooten. Es beginnt mit der Beschreibung typischer Schwachstellen, einer Anleitung zur Schadensanalyse und mündet in eine exakte Beschreibung aller an Bord anfallenden Arbeiten. Eigner alter Schiffe – namentlich solcher in hölzerner Bauweise – finden hier unzählige Tipps aus der Praxis.

Das Werk wird abgerundet durch Anleitungen zur Pflege des stehenden und laufenden Guts, das Auftakeln und die sachgemäße Bootslagerung im Winter.

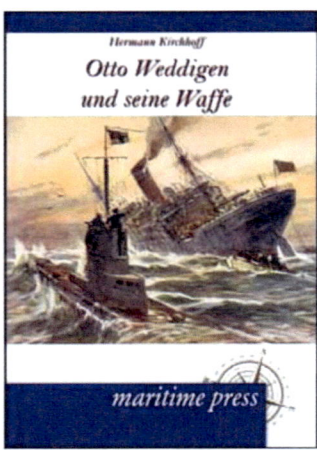

Kirchhoff, Hermann
Otto Weddigen und seine Waffe
1. Auflage 2012
196 Seiten Paperback
34,90 € (D)
Sprache: Deutsch
ISBN/EAN: 9783954271146

Hermann Kirchhoff, Militärhistoriker und Admiral, schildert das Leben und die militärische Karriere des Offiziers und U-Boot-Kommandanten Otto Weddigen anhand von Tagebüchern, Briefen und nachgelassenen Papieren. Weddigen erlangte Berühmtheit dutch die Versenkung dreier englischer Kriegsschife innerhalb weniger Stunden im Jahre 1914. Dieses Ereignis gilt als Durchbruch des modernen U-Boot-Krieges. Im folgenden Jahr wurde das Boot Weddigens, U 29, durch ein englisches Schlachtschiff versenkt. Niemand überlebte den Angriff, durch den Weddigen endgültig zur Legende wurde.
Illustriert mit zahlreichen Abbildungen.

Kirchhoff, Hermann
Seemacht in der Ostsee
1. Auflage 2012
372 Seiten Paperback
39,90 € (D)
Sprache: Deutsch
ISBN/EAN: 9783954271351

Der Admiral und Marine-Historiker Hermann Kirchhoff untersucht und analysiert in diesem Band die Auswirkungen der Machtverhältnisse zur See auf die Geschichte der Ostseeländer seit der Frühzeit. Geschrieben etwa ein Jahrzehnt vor Ausbruch des ersten Weltkriegs, inmitten der erbitterten deutschen Diskussion zu den Flottengesetzen, setzte es einen viel beachteten Akzent in der Diskussion – natürlich zugunsten der Aufrüstung der Kaiserlichen Marine.
Heute noch besticht das Buch durch seine präzise Analyse der Verhältnisse.

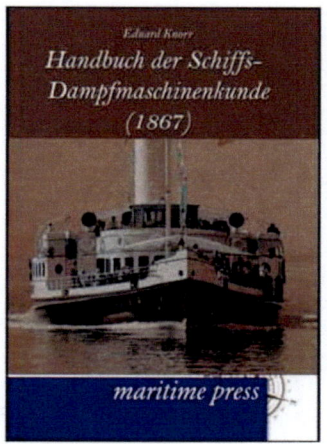

Kirchhoff, Hermann; Sanders, Friedrich
Der erste Weltkrieg zur See
1. Auflage 2012
224 Seiten Paperback
29,90 € (D)
Sprache: Deutsch
ISBN/EAN: 9783954271078

Das Werk bietet einen detaillierten, chronologisch geordneten Überblick über die Aktiviäten der deutschen Marine in der ersten Hälfte des Ersten Weltkriegs. Dabei wird der Konkurrenzkampf um die Vormacht zur See zwischen dem Deutschen Reich und Großbritannien in den Mittelpunkt gerückt, besondere Beachtung finden der sog. Kreuzerkrieg und der U-Boot-Krieg. Daneben werden die Entwicklungen nach geografischen Gesichtspunkten geordnet geschildert, so beispielsweise der U-Boot-Krieg vor der amerikanischen Küste oder die Flottenbewegungen im Mittelmeer.

Knorr, Eduard
Handbuch der Schiffs-Dampfmaschinenkunde (1867)
1. Auflage 2012
164 Seiten Paperback
34,90 € (D)
Sprache: Deutsch
ISBN/EAN: 9783954270828

Dieses Buch aus dem Jahr 1867 hatte zum Ziel, die schon damals immer mehr an Komplexität gewinnende Dampfmaschinenkunde im Besonderen für die Gruppe der See-Offiziere, also insbesondere der Nautiker, verständlich zu machen. Dies war nötig, nachdem die technische Entwicklung jener Zeit zur Trennung der Berufe von Nautikern und Maschinentechnikern führte.
Das Buch besticht noch heute mit seiner Präzision und der Gabe des Autors, auch schwierige technische Sachverhalte allgemeinverständlich darzustellen.

Koesling, Theo-Peter (Hrsg.)
Amphitrite

. Auflage 2012
168 Seiten Hardcover
39,90 € (D)
Sprache: Deutsch
ISBN/EAN: 9783954270675

Die Amphitrite, ursprünglich gebaut als „Spielzeug" für die englische Oberschicht, ist ein ganz besonderes Segelschiff mit vielfältiger Geschichte.

Sie hat unter anderem zwei Weltkriege auf sehr unterschiedliche Art und Weise überlebt. Den ersten Weltkrieg überstand sie als Eigentum eines englischen Stahlbarons, der nicht nur die Macht hatte, sie vor dem Zugriff der Regierung zu schützen, sondern auch das Geld, sie in dieser Zeit auf das Modernste ausstatten zu lassen. Im zweiten Weltkrieg war es das Schicksal der Amphitrite, ohne Masten in der Royal Navy vor Plymouth zu dienen.

Sie war Rennschoner, Privatyacht, Ballonsperre, Wohnschiff, Luxustransportmittel für Touristen, Flaggschiff des „Yacht Club International de Port Grimaud" und Filmschiff. Gemäß den Vorstellungen ihrer jeweiligen Eigner wurden die Ein- und Umbauten mehrfach verändert. Seit 1976 ermöglicht sie Jugendlichen das Abenteuer „Segeln auf dem Meer".

In diesem Buch wird unter anderem anhand von zeitgenössischen Berichten ihre neun Jahre andauernde Rennkarriere dargestellt. Ein Redakteur der Fernsehserie „Graf Luckner" berichtet über die Dreharbeiten. Alle an einem praktischen und theoretischen Hintergrund interessierten finden einen Exkurs über Schiffbau in Bezug auf die Anforderun…

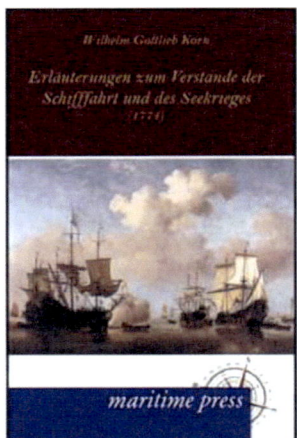

Korn, Wilhelm Gottlieb
Erläuterungen zum Verstande der Schifffahrt und des Seekrieges

1. Auflage 2012
616 Seiten Paperback
49,90 € (D)
Sprache: Deutsch
ISBN/EAN: 9783954270736

Dieses grundlegende Werk von 1774 stellt auf über 600 Seiten detailliert dar, was mit Seefahrt, Marine und Seekriegsführung der damaligen Zeit nicht vertraute Personen hierüber wissen mussten. Das Buch richtete sich an die Adresse der hochrangigen Politiker und Militärs, geht aber in seiner Detailverliebtheit und seiner Umfänglichkeit noch weit darüber hinaus.

Wer sich für Schiffbau, Seemannschaft und Militärtechnik des 17. und 18. Jahrhunderts interessiert, findet hier ein Buch, das im deutschsprachigen Raum seinesgleichen sucht.

Korth, J.
Die Schiffbaukunst (1826)

1. Auflage 2012
528 Seiten Paperback
54,90 € (D)
Sprache: Deutsch
ISBN/EAN: 9783954270590

Wer weiß heute noch, wie große Holzschiffe gebaut werden? Dieses Buch, im Original 1826 erschienen, ist eines der wenigen frühen Werke über den Schiffbau in deutscher Sprache. Der Autor hat den Wissensstand des 18. Jahrhunderts in Europa zusammengefasst, kommentiert und aus der Sicht des kommenden 19. Jahrhunderts bewertet. Das Buch vermittelt umfassende zeitgenössische Informationen über die Schiffstheorie, den Entwurf, die Konstruktion, den Bau, die Ausrüstung, die Bewaffnung, die Takelage die Segel und viele Schiffstypen. Von besonderem Wert sind 22 Tabellen, die Entwurfsregeln und -werte, Formeln, Daten, Abmessungen und Gewichte vieler gebauter oder entworfener Schiffe und ihrer Bau- und Ausrüstungselemente enthalten.

Krümmel, Otto
Der Ozean

2. Auflage 2012
296 Seiten Paperback
39,90 € (D)
Sprache: Deutsch
ISBN/EAN: 9783954271177

In diesem Werk beschreibt Otto Krümmel die Meeresflächen und ihr Verhältnis zum Land. Er geht auf Tiefseelotungen und die Geschichte der Erforschung des Meeres ein, beschreibt die Beschaffenheit von Meerwasser sowie die Meeresströmungen und die Gezeiten und vieles andere mehr.
Krümmel gilt bis heute als Pionier der modernen Ozeanographie.

Krekeler, K.
Das Schweissen im Schiffbau

1. Auflage 2012
48 Seiten Paperback
19,90 € (D)
Sprache: Deutsch
ISBN/EAN: 9783954270750

Nach dem zweiten Weltkrieg hatte sich das Schweißen gegenüber der Niettechnik durchgesetzt. Speziell die Liberty-Schiffe der Alliierten wären anders nicht herzustellen gewesen. Gleichwohl stellte die neue Schweißtechnik die Konstrukteure vor neue Herausforderungen, wie etwa unvermittelte das Zerbrechen des fast neuen Tankers „Scenectady" zeigte.
Doch nicht nur Rümpfe wurden geschweißt, die neue Technik fand etwa Anwendung bei der Herstellung von Kesseln oder Motoren. Dieses Buch erläutert alle Schweißtechniken im Detail anhand vieler Zeichnungen und Bilder.

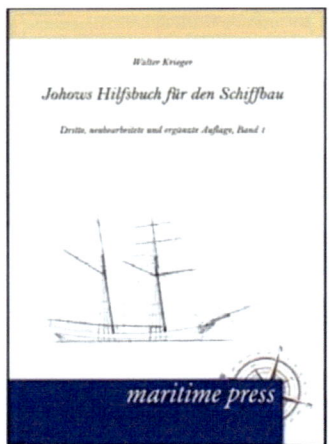

Krieger, Eduard
Johows Hilfsbuch für den Schiffbau, Band 1

3. Auflage 2012
476 Seiten Paperback
39,90 € (D)
Sprache: Deutsch
ISBN/EAN: 9783954270088

Mit dem vorliegenden Buch wurde der Versuch unternommen, eine große Zahl für den Schiffbau notwendiger Theorien, Tabellen, Daten, Regeln, Gesetze und Vorschriften in ein sachlich geordnetes Ganze zu bringen. Für lange Zeit waren diese beiden im Jahr 1910 erschienenen Bände Standart im gesamten Schiffbau. Es gibt keine schiffbaulichen Aspekte, die nicht ausführlich behandelt werden.
Das Hilfsbuch sollte vornehmlich dem Schiffbauingenieur das mit Zeit und Mühe verbundene Nachschlagen alter Hefte und Zusammenstellungen, welche er bei der spärlichen und schwer zugänglichen einheimischen Fachliteratur bislang kaum entbehren konnte, zu ersparen; Studierenden sollte es zahlreiches Material zur Ausführung von Übungsentwürfen bieten und andererseits auch Konstrukteuren von Schiffsmaschinen, Offizieren der Kriegs und Handelsmarine, Reedern, Freunden des Wassersports und anderen dem Schiffbau nahe stehenden Personen zur schnellen Beantwortung einer großen Zahl sich nicht selten in den Vordergrund drängender Fragen nützlich und von Wert sein.

Krieger, Eduard
Johows Hilfsbuch für den Schiffbau, Band 2

3. Auflage 2012
564 Seiten Paperback
39,90 € (D)
Sprache: Deutsch
ISBN/EAN: 9783954270095

Mit dem vorliegenden Buch wurde der Versuch unternommen, eine große Zahl für den Schiffbau notwendiger Theorien, Tabellen, Daten, Regeln, Gesetze und Vorschriften in ein sachlich geordnetes Ganze zu bringen. Für lange Zeit waren diese beiden im Jahr 1910 erschienenen Bände Standart im gesamten Schiffbau. Es gibt keine schiffbaulichen Aspekte, die nicht ausführlich behandelt werden.

Das Hilfsbuch sollte vornehmlich dem Schiffbauingenieur das mit Zeit und Mühe verbundene Nachschlagen alter Hefte und Zusammenstellungen, welche er bei der spärlichen und schwer zugänglichen einheimischen Fachliteratur bislang kaum entbehren konnte, zu ersparen; Studierenden sollte es zahlreiches Material zur Ausführung von Übungsentwürfen bieten und andererseits auch Konstrukteuren von Schiffsmaschinen, Offizieren der Kriegs und Handelsmarine, Reedern, Freunden des Wassersports und anderen dem Schiffbau nahe stehenden Personen zur schnellen Beantwortung einer großen Zahl sich nicht selten in den Vordergrund drängender Fragen nützlich und von Wert sein.

Krisch, Otto
Das Tagebuch des Nordpolfahrers Otto Krisch

1. Auflage 2012
120 Seiten Paperback
19,90 € (D)
Sprache: Deutsch
ISBN/EAN: 9783954271191

Otto Krisch war Teilnehmer der österreichisch-ungarischen Polarexpedition von 1872 bis 1874 auf der "Admiral Tegethoff", die zur Entdeckung" des "Franz-Josef-Landes" führte und in deren Rahmen erstmals Menschen den 82. Breitengrad überschritten. Im Jahre 1874 war die "Admiral Tegethoff" vom Polareis eingeschlossen. Um dem sicheren Hungertod zu entgehen, gab man das Schiff auf und machte sich zu Fuß über das Polareis auf, um das Land zu erreichen. Der Maschinist und Offizier Otto Krisch führte während der Reise ein Tagebuch, das Mannschaftsleistung, Strapazen, aber auch die Einzigartigkeit der Expedition eindrucksvoll dokumentiert. Einmalig ist hierbei, dass es sich nicht um einen der üblichen (oftmals geschönten) Berichte handelt, sondern um den ungeschminkten Tatsachenbericht eines Mitglieds der Mannschaft.

Laas, Walter
Die grossen Segelschiffe.

1. Auflage 2012
180 Seiten Paperback
39,90 € (D)
Sprache: Deutsch
ISBN/EAN: 9783954270286

Walter Laas war ein bekannter Konstrukteur von Großseglern. Mit diesem im Jahre 1908 fertig gestellten Kompendium untersuchte er die Rolle von Großseglern in einer Zeit des Umbruchs. Dampf- und Ölmaschinen hatten in den Schiffsbetrieb Einzug gehalten und die wirtschaftliche Rolle von Großseglern immer weiter in den Hintergrund gedrängt.
Laas untersucht zunächst die unterschiedlichen Entwicklungen der Segelschiffahrt in Amerika, England, Frankreich und Deutschland und stellt die einzelnen Fortschritte etwa an der Takelange für einen Zeitraum von 50 Jahren dar. Anschließend befasst er sich mit dem Vergleich der verschiedenen Schiffsantriebe, mit Sonderthemen wie maschineller Bedienung der Takelage und dem Einzug der Hilfsmaschine in die Segelschiffahrt und zieht ein auch aus heutiger Sicht noch interessantes Fazit.
Ein Leckerbissen für den Liebhaber ist schließlich das umfassende Verzeichnis aller in Deutschland aus Eisen und Stahl gebauter Segelschiffe.

Lardner, Dionysius
Die Dampfmaschine in ihrer praktischen Anwendung auf Eisenbahnen und Dampfschifffahrt

5. Auflage 2012
324 Seiten Paperback
39,90 € (D)
Sprache: Deutsch
ISBN/EAN: 9783954271498

Die Dampfmaschine stand in der Mitte des 18. Jahrhunderts im Fokus der Industrialisierung. Spezielle Anwendungen wie bei Eisenbahnen und Schiffen wurden immer populärer. Das - ursprünglich englischsprachige - Werk, dessen 5. Auflage aus dem Jahr 1836 hier übersetzt vorliegt, gehörte damals zum Grundwissen aller Ingenieure. Reich bebildert, gibt es den Stand der Dampfmaschinentechnik für Schiffe und Eisenbahnen gut verständlich wieder.

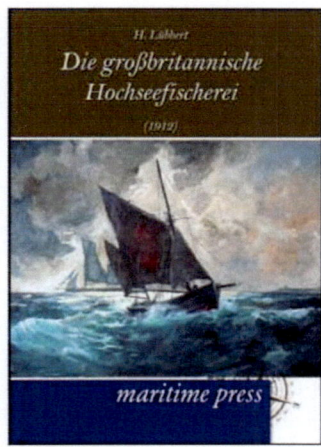

Lübbert, H.
Die großbritannische Hochseefischerei (1912)
1. Auflage 2012
44 Seiten Paperback
19,90 € (D)
Sprache: Deutsch
ISBN/EAN: 9783954270637

Die englische Küstenfischerei hatte für Deutschland immer schon Vorbildcharakter. So stammt der für unsere Küste so typische Kutter von englischen Ahnen ab. Es wundert also nicht, dass bereits damals eingehende Untersuchungen zur englischen Fischerei vorgenommen wurden. Heute interessiert dabei in erster Linie die präzise Beschreibung der englischen Schiffstypen in Wort und Bild.

Lehmann, Michael
DIE MARINISIERUNG VON MOTOREN
1. Auflage 2012
140 Seiten Paperback
29,90 € (D)
Sprache: Deutsch
ISBN/EAN: 9783954270002

Der praxiserfahrene Autor beschreibt ebenso umfassend wie verständlich den Umbau gängiger PKW- und LKW-Motoren (Mercedes, VW, Ford etc.) zu Bootsmotoren. Ziel ist es, den technisch versierten Bootseigner in die Lage zu versetzen, einen Motor ohne fremde Hilfe zu marinisieren.

Das reich bebilderte und mit vielen Skizzen versehene Buch bietet darüber hinaus wertvolle Hilfe bei der Wartung und Reparatur von Bootsmotoren aller Art. Es wird erläutert, welche besondere Anforderungen an einen Schiffsmotors gestellt werden, wie man die dafür passende Maschine auswählt, welche Motoren sich für eine Marinisierung eignen, wo sie und die erforderlichen Umbauteile bezogen werden können, wie die Marinisierung und der Einbau vonstatten gehen, welche Nebenaggregate an welche Maschine passen und wie diese Motoren gewartet und repariert werden.
Ergänzt wird das Buch durch ein umfassendes Anbieterverzeichnis.

Lehmann, Michael
Marinisierung

4. Auflage 2012
136 Seiten Paperback
29,90 € (D)
Sprache: Deutsch
ISBN/EAN: 9783954270781

Der praxiserfahrene Autor beschreibt ebenso umfassend wie verständlich den Umbau gängiger PKW- und LKW-Motoren (Mercedes, VW, Ford etc.) zu Bootsmotoren. Ziel ist es, den technisch versierten Bootseigner in die Lage zu versetzen, einen Motor ohne fremde Hilfe zu marinisieren. Das reich bebilderte und mit vielen Skizzen versehene Buch bietet darüber hinaus wertvolle Hilfe bei der Wartung und Reparatur von Bootsmotoren aller Art.

Es wird erläutert, welche besondere Anforderungen an einen Schiffsmotors gestellt werden, wie man die dafür passende Maschine auswählt, welche Motoren sich für eine Marinisierung eignen, wo sie und die erforderlichen Umbauteile bezogen werden können, wie die Marinisierung und der Einbau vonstatten gehen, welche Nebenaggregate an welche Maschine passen und wie diese Motoren gewartet und repariert werden.

Darüber hinaus werden die Marinisierung von Elektro-Antrieben sowie die Aufrüstung von beste-henden Maschinenanlagen mit Elektro-Motoren zu Hybrid-Anlagen beschrieben. Ergänzt wird das Buch durch ein umfassendes Anbieterverzeichnis.

Leimbach, Fritz
64000 Seemeilen Kaperfahrt

1. Auflage 2012
112 Seiten Paperback
19,90 € (D)
Sprache: Deutsch
ISBN/EAN: 9783954271344

Bereits zu Beginn des ersten Weltkrieges zeichnete sich ab, dass die Marine eine wesentliche Rolle spielen würde. Die englische Seeblockade schnürte Deutschland vom Nachschub ab. Die im Vergleich zur Royal Navy schlecht ausgerüstete Kaiserliche Marine besann sich in ihrer Not auf ein listenreiches Vorgehen:

Man rüstete harmlos wirkende Handelsschiffe mit starker Bewaffnung auf und ließ diese scheinbar zivilen Fahrzeuge mit ständig wechselnder Tarnung und auf ideenreichen Routen auf allen Weltmeeren kreuzen, um den Feind zu treffen und Beute zu machen. Diese moderne Form der Piraterie zwischen Kriegsparteien war im 19. Jahrhundert nahezu einmalig. Da den Briten diese Vorhaben natürlich nicht verborgen blieben, begann ein Katz- und Maus-Spiel, das noch in den deutschen Häfen Kiel und Wilhelmshaven seinen Ausgang nahm und dann fast um die ganze Welt führte.

Dieses Buch berichtet von der langen und erfolgreichen Kaperfahrt des Hilfskreuzers Wolf, die ihn bis nach Australien und Singapur führte und die rasch legendär wurde. Erzählt wird der Fahrtverlauf aus der Sicht eines einfacher Torpedomaates, der auch heute noch erstaunlich frisch und spannend lesbar von den dramatischen Ereignissen der langen Reise berichtet.

Leipold, Andreas
Das erste Jahr der Hamburger Südsee-Expedition in Deutsch- Neuguinea (1908-1909)

1. Auflage 2011
296 Seiten Paperback
49,90 € (D)
Sprache: Deutsch
ISBN/EAN: 9783954271399

Zwischen dem 8. Juli 1908 und dem 22. April 1910 erforschte die Besatzung des von der Hamburgischen Wissenschaftlichen Stiftung ausgerüsteten Dampfers, Peiho, die Inselwelt des Südpazifiks. Insbesondere das Bismarck-Archipel mit Neuguinea, Neupommern, den Admiralitäts-Inseln und der St.-Matthias-Gruppe standen im Mittelpunkt des Interesses dieser Reise.

Die Hamburger Südsee-Expedition steht in der Tradition verschiedener Forschungsreisen in die Südsee. Organisiert wurde die Expedition durch Prof. Georg Thilenius, dem Leiter des Hamburger Völkerkundemuseums. Die Reise wurde in zwei Teilabschnitten durchgeführt. So untersuchte die Hamburger Südsee- Expedition unter der Führung von Prof. Friedrich Fülleborn im ersten Jahr der Reise die Inselwelt Melanesiens und im zweiten Jahr unter der Leitung von Prof. Augustin Krämer das Gebiet in Mikronesien.

Leist, Carl; Blaha, Emil
Die Steuerungen der Dampfmaschinen

1. Auflage 2012
792 Seiten Paperback
79,90 € (D)
Sprache: Deutsch
ISBN/EAN: 9783954270842

Dieses Buch aus dem Jahr 1900 befasst sich umfassend und im Detail mit der Steuerung aller Arten von Dampfmaschinen, also nicht nur der auf Schiffen gebräuchlichen Typen. Die Autoren waren Lehrer an der Technischen Hochschule in Berlin und als solche beruflich mit dem Thema verbunden. Wer heute mit historischen Dampfmaschinen zu tun hat oder sich für diese Technik interessiert, findet hier einzigartige Informationen.

Lieblein, Jens
Handel und Schiffahrt auf dem rothen Meer
1. Auflage 2012
156 Seiten Paperback
29,90 € (D)
Sprache: Deutsch
ISBN/EAN: 9783954271252

Krieg und Handel - diese beiden Katalysatoren des Wandels und der Entwicklung wirken bis heute an kaum einem Ort der Erde so fokussiert wie im roten Meer. Das relativ geschützte, navigatorisch dennoch schwierige Seegebiet war umrundet von frühen Hochkulturen, zwischen denen nicht nur der Austausch, sondern auch der Wettbewerb herrschte.
Dies hatte zur Folge, dass die Schifffahrt auf dem roten Meer schon in altägyptischer Zeit einen Höhepunkt erlebte. Dieses Werk eines norwegischen Gelehrten für Archäologie aus dem späten 18. Jahrhundert zeichnet die Geschichte der Schifffahrt auf dem roten Meer nach und eröffnet so einen faszinierenden Einblick in deren Frühgeschichte.

Lindemann, Moritz
Die arktische Fischerei der deutschen Seestädte 1620-1868
1. Auflage 2012
128 Seiten Paperback
39,90 € (D)
Sprache: Deutsch
ISBN/EAN: 9783954270798

Diese Untersuchung aus dem Jahre 1869 befasst sich mit der Geschichte der deutschen Fischerei in den Gewässern der Arktis. Angesichts der bereits frühzeitig zu beobachtenden Überfischung war die Erschließung neuer Gründe bereits in früheren Jahrhunderten von großer Bedeutung.
Eine Pionierrolle fiel hierbei traditionell den Walfängern zu, die mehr als alle anderen dem Goldrausch der Meere verfallen waren und den großen Gefahren der Nordmeere trotzten. Nach langem Zaudern waren auch die Deutschen - allen voran die Bremer - mit von der Partie, was angesichts der insgesamt schwindenden Erträge naturgemäß zu Problemen mit den anderen Seefahrtsnationen führte.
Dieses Buch erzählt die lange und wechselvolle Geschichte der deutschen Arktisfischerei ebenso spannend wie lebendig.

Lohmann, Richard
Bootskonstruktion, Bootsbau, Bootstypen
. Auflage 2012
120 Seiten Paperback
34,90 € (D)
Sprache: Deutsch
ISBN/EAN: 9783954270293

In den 1920er Jahren war der Selbstbau von hölzernen Booten und Jachten deutlich weiter verbreitet als heute. Richard Lohmann machte sich mit diesem Werk aus dem Jahr 1922 zur Aufgabe, angehende Selbstbauer mit allen Elementen des Bootsbaus von der Konstruktion, der Typenkunde, der Materialauswahl, den Handwerken bis hin zu Ausrüstung und Pflege vertraut zu machen.
Wer heute ein klassisches Segelboot besitzt oder sich gar mit dem Gedanken trägt, eines zu bauen, findet hier wertvolle Informationen. Das Buch richtet sich in erster Linie an den Selbstbauer und Eigner vor Booten, stellt also auch die Grundlagen der anfallenden Arbeiten gut verständlich dar.

Ludwig, E.
Taschenbuch für Schiffsingenieure und Seemaschinisten
1. Auflage 2012
600 Seiten Paperback
49,90 € (D)
Sprache: Deutsch
ISBN/EAN: 9783954270408

Das Taschenbuch für Schiffsingenieure und Seemaschinisten aus dem Jahre 1928 enthielt, was seinerzeit in der technischen Ausbildung vorausgesetzt wurde. Antriebsmaschinen, Dampfturbinen, Getriebetechnik, Dieselelektrik, Dampfkessel, Hilfsmaschinen, Elektrik und Nautik: Wer sich durch die knapp 600 Seiten gelesen hatte, war bereit für die Praxis.
Dieses Buch stellt heute noch eine Fundgrube für Betreiber oder Freunde alter Schiffe dar.
Nachdruck des Originals von 1928 (4. Auflage).

Martens, Friderich
Spitzbergische oder grönländische Reisebeschreibung (1671)
1. Auflage 2012
164 Seiten Paperback
29,90 € (D)
Sprache: Deutsch
ISBN/EAN: 9783954271238

Der Hamburger Schiffsbarbier Friderich Martens hinterließ zwei Reisebeschreibungen mit zahlreichen Federzeichnungen von Landschaften, Pflanzen- und Tierwelten aus dem Jahr 1671 über eine Fahrt auf einem Walfangschiff nach Spitzbergen und Grönland sowie über eine weitere Seereise nach Spanien.
Die hier wieder aufgelegte Spitzbergische und Grönländische Reisebeschreibung wurde erstmals im Jahr 1675 in Hamburg gedruckt. Dieses Werk wurde 1680 und 1683 ins Italienische, 1685 ins Niederländische, 1694 ins Englische und 1715 ins Französische übersetzt; es blieb bis ins 19. Jahrhundert eine wichtige Quelle für die Arktisforscher und hat bis heute nichts von seiner Faszination verloren.

Müller, E.
Konstruktion und Bau von hölzernen Segeljollen
1. Auflage 2012
184 Seiten Paperback
29,90 € (D)
Sprache: Deutsch
ISBN/EAN: 9783954270057

Der hier vorliegende 12. Band der legendären "Segelsportbücherei" entsprang zunächst dem Wunsch, ein Buch über den Selbstbau von Segeljollen zu schreiben. Im Verlaufe der Bearbeitung erkannte der Autor mehr und mehr, dass der ernsthafte Selbstbauer über das handwerksmäßig Praktische hinaus auch eine gewisse Kenntnis der Festigkeitsverhältnisse des Bootskörpers und der Konstruktionsverhältnisse der für den Selbstbau geeigneten Bootsformen besitzen muss. Hierzu kommen die Forderungen der vollständigen Vertrautheit mit der Bezeichnung der einzelnen Bootselemente, das Lesenkönnen der Bau- und Entwurfszeichnungen, sowie Kenntnisse rein segelsportlicher Art.
Im vorliegenden Band ist zunächst alles das zusammengefasst, was nicht nur als vorbereitendes Wissen des Selbstbauers bezeichnet werden könnte, sondern was zugleich auch hauptsächlich den Segelsportler interessiert. Und da ja auch jeder Selbstbauer das Ziel hat, ein guter Segelsportler zu werden, so ist der vorliegende Band für den Selbstbauer geschrieben, doch in erster Linie für den Segelsportler bestimmt.

Müller, Ernst
Schiffbaukunde

1. Auflage 2012
84 Seiten Paperback
29,90 € (D)
Sprache: Deutsch
ISBN/EAN: 9783954270521

Dieses Handbuch zur Schiffbaukunde für Ingenieure aus dem Jahr 1935 beschreibt eingehend und anhand zahlreicher Zeichnungen und Abbildungen den gesamten Stand des zeitgenössischen Schiffbaus, und hier insbesondere des Eisenschiffbaus. Wer sich für Schiffe aus der Vorkriegszeit interessiert, findet umfassende Informationen über den gesamten Schiffbau jener Zeit.

Müller, Johannes
Die Entwicklung der Nautik

1. Auflage 2012
44 Seiten Paperback
17,90 € (D)
Sprache: Deutsch
ISBN/EAN: 9783954271184

Kurzer, aber sehr praxisgerechter und informativer Abriss zur geschichte der Nautischen Hilfsmittel und ihrer Verwendung von den Phöniziern bis zur Neuzeit. Wer immer schon einmal wissen wollten, was vor dem Sextanten genutzt wurde, wie sich terrestrische und astronomische Navigation entwickelten und warum manche Entwicklungen nicht überlebt haben, liegt hier richtig.

Metzler, Jost; Mielke, Otto
Sehrohr südwärts!

1. Auflage 2012
316 Seiten Paperback
24,90 € (D)
Sprache: Deutsch
ISBN/EAN: 9783954271122

Ritterkreuzträger Jost Metzler war von 1940 bis 1941 Kommandant der U 69. Mit diesem U-Boot unternahm er mehrere sehr erfolgreiche Feindfahrten in der Nordsee und dem Atlantik. Die Krönung seiner Karriere war jedoch die so genannte Dritte Feindfahrt im Frühsommer 1941, die das Boot und die Mannschaft gute 12.000 Seemeilen bis nach Afrika, den Kapverden und den Kanaren führte, ein bis dahin einmaliges Unterfangen mit einem U-Boot. Auf der achtwöchigen Fahrt wurden etliche Häfen vermint und sieben Frachter versenkt.
Dieses Buch - hier in der Fassung von 1943 - erzählt auf erstaunlich unprätentiöse Weise mit vielen Bildern von der Reise und ihren Strapazen. U 69 wurde später - unter einem anderen Kommandanten - im Nordatlantik versenkt. Hierbei kam die gesamte Mannschaft ums Leben.

Meussling, Herbert
Der Schiffsinnenausbau (1957)

1. Auflage 2012
144 Seiten Paperback
29,90 € (D)
Sprache: Deutsch
ISBN/EAN: 9783954270903

Wer alte Schiffe mag, wird in diesem Buch aus dem Jahr 1957 schwelgen. Reich bebildert schildert der Autor, wie seinerzeit Fahrgastschiffe ausgebaut wurden. Von der Planung über die Wahl der Werkstoffe und dem handwerklichen und industriellen Ausbau beschreibt der Autor detailliert alles, was man auf den Werften zu berücksichtigen hatte. Herausgekommen ist ein einmaliges Werk, das Liebhabern oder gar Besitzern alter Schiffe heute einzigartige Informationen über den damaligen Stand der Technik, aber auch den vorherrschenden Geschmack vermittelt.

Meville, Harry E.
Klassische Bootsmotoren

1. Auflage 2012
124 Seiten Paperback
24,90 € (D)
Sprache: Deutsch
ISBN/EAN: 9783954270354

Aus dem Vorwort von 1926:
„Das vorliegende Werk soll im wesentlichen zwei Aufgaben erfüllen: Es soll dem Laien (und die große Mehrzahl gerade der Bootsmotoren gelangt in die Hände von Laien) ein nicht wissenschaftlich-technisches, aber klares und verständliches Bild von den Grundlagen geben, auf denen die Konstruktion solcher Maschinen sich aufbaut. Es soll weiter dem interessierten Laien, mit aber auch dem Techniker, einen Überblick über den gegenwärtigen Stand der Industrie auf diesem Sondergebiet geben. Dabei ist im ersten Teil des Buches bewusst vor allen Dingen an diejenigen gedacht worden, die selbst mit ihrem Motor fertig werden wollen und sollen, und das ist gerade heute ein sehr großer Teil auch der Freunde des Motor-Sports auf dem Wasser.
Die zweite Aufgabe war und ist natürlich nur unter Beihilfe und in enger Zusammenarbeit mit den wichtigsten Industriefirmen auf diesem Gebiete zu lösen."

Meville, Harry E.
Der Kreuzer

. Auflage 2012
148 Seiten Paperback
24,90 € (D)
Sprache: Deutsch
ISBN/EAN: 9783954270361

In der Zeit bis zum zweiten Weltkrieg entstanden ganze Serien wunderhübscher Jachten und Bootstypen. Antreibende Kraft war hier - wie so oft - der Regattasport. Daneben wurden - zunächst ganz zaghaft - klassenungebundene Fahrzeuge entwickelt. Einer dieser mehr auf Nutzwert denn auf Schnelligkeit ausgelegter Typen war der Kreuzer.
Gedacht zum sportlichen Wandersegeln mit der gesamten Familie bot er Platz und Komfort und eignete sich auch für die Langfahrt. Letztere war außerhalb des Regattasports seinerzeit jedoch noch die Ausnahme. Harry Meville nahm sich mit diesem Buch aus dem Jahr 1925 vor, an dieser Stelle Pionierarbeit zu leisten.
Das Buch war das Vademecum des begeisterten Wanderseglers Meville, es behandelte angefangen von der Typenkunde und Bootswahl über Seemannschaft, Ausrüstung und Revierkunde alles, was der angehende Wandersegler wissen musste. Nach der Lektüre dieses heute noch hoch spannenden Buches kann der nächste Frühling nicht mehr schnell genug kommen.

Meville, Harry E.
Segeln für Anfänger

1. Auflage 2012
92 Seiten Paperback
19,90 € (D)
Sprache: Deutsch
ISBN/EAN: 9783954270378

In den 1920er Jahren erfuhr der Segelsport einen gewaltigen Aufschwung. Dieser ging in erster Linie auf das Konto der so genannten Kleinsegelei, also dem Segeln auf kleinen Fahrzeugen, oftmals Jollen oder Jollenkreuzer. Wer immer Talent und Lust verspürte, nahm es mit diesem bis dahin für die breite Masse gänzlich unerreichbaren Sport auf.

Der Selbstbau von Booten boomte, doch echte Segelanleitungen fehlten anfangs noch. Dieser Lücke nahm sich der bekannte Autor und Regattasegler Harry Meville mit diesem Buch an, das große Verbreitung erfuhr und nach dem ganze Generationen das Segeln lernten.

Auch heute noch ist das Buch lehrreich, vermittelt es doch spezielle Kenntnisse über das Segeln auf traditionell geriggten Seglern, die so heute nicht mehr gelehrt werden.

Middendorf, Friedrich Ludwig
Bemastung und Takelung der Schiffe

1. Auflage 2012
460 Seiten Paperback
69,90 € (D)
Sprache: Deutsch
ISBN/EAN: 9783954270149

In der guten alten Zeit hatte der Schiffskonstrukteur hinsichtlich der Takelung schon seine Schuldigkeit getan, wenn er eine vollständige Segelzeichnung mit einem Verzeichnis der Abmessungen der Rundhölzer und allenfalls noch des stehenden Gutes angefertigt hatte. Die Ausführung der Beschlagteile konnte er dem Schmied und dem Schlosser, die der Blöcke dem Blockmacher und das übrige dem Takelmeister und dem Segelmacher überlassen. Die vorerwähnten Arbeiten wurden in der Regel handwerksmäßig betrieben, und dies ist auch der Grund, weshalb in keinem Buch auch nur einigermaßen brauchbare Zeichnungen oder Skizzen über die Einzelheiten der Takelung enthalten waren.

Dies hatte sich um die Jahrhundertwende, als die Segelschiffe immer größer wurden, geändert, und vor diesem Hintergrund entstand dieses Buch. Autor war der damalige Direktor des Germanischen Lloyds, Friedrich Ludwig Middendorf, ein ausgewiesener Fachmann auf dem Gebiet des Schiffbaus. Große Segelschiffe waren sein Steckenpferd. Mit dem Buch verfolgte er akribisch den Zweck, die Literatur über die Bemastung und Takelung der Schiffe fort zu führen und dem Schiffbauer jener Tage alle erforderlichen Informationen in gebündelter Form an die Hand zu geben, die er braucht.

Nansen, Fridtjof
In Nacht und Eis

1. Auflage 2012
364 Seiten Paperback
24,90 € (D)
Sprache: Deutsch
ISBN/EAN: 9783954270439

Nauticus
Die Flotten-Novelle von 1900

1. Auflage 2012
264 Seiten Paperback
37,90 € (D)
Sprache: Deutsch
ISBN/EAN: 9783954271627

In den Jahren 1895/96 unternimmt Fridtjof Nansen auf der legendären "Fram" eine waghalsige Expedition zum Nordpol. Nach ein paar Monaten droht der Proviant auszugehen. Bei dem Versuch, einen Seehund zu harpunieren, kentert beinahe der Kajak, und die Jäger erleiden ein eiskaltes Bad.
Jeden Abend schreibt Nansen seine Erlebnisse zitternd vor Kälte im Zelt sitzend auf besessen von dem Gedanken, den Pol zu erreichen. So entstand dieses ebenso dramatische wie eindringliche Werk über die unbeugsame Willenskraft des Menschen.

„Deutschlands Zukunft liegt auf dem Meer" - so lautete die politische Devise 1896, als Wilhelm II. ein neues deutsches Flottenprogramm verkündete. Gemeinsam mit seinem obersten Marinearchitekt Alfred von Tirpitz plante der Kaiser den Aufbau einer mächtigen Schlachtflotte, die endgültig den Status Deutschlands als Weltmacht festigen sollte. Als gesetzliche Grundlage für die Aufrüstung dienten zwei Gesetze, die der Reichstag 1898 und 1900 verabschiedete und in den folgenden Jahren mehrfach novellierte.
Das zweite Flottengesetz vom 26. Juni 1900 sah die 300 Millionen Mark teure Verdoppelung der deutschen Hochseeflotte vor. Aufgrund der hohen Kosten und der wenigen Mitspracherechte des Parlaments war es nicht unumstritten und löste im Vorfeld der Verabschiedung heftige Kontroversen aus.
Die vorliegende nur wenige Wochen vor der Reichstagsabstimmung veröffentlichte Sammelband ent-hält eine Reihe von Aufsätzen, die die vom Kaiser angestrebte Gesetzesänderung unterstützen und Argumente für den Flottenausbau liefern. Sie legen den Schwerpunkt auf die politische und wirtschaftliche Bedeutung einer starken Flotte für das Deutsche Reich.

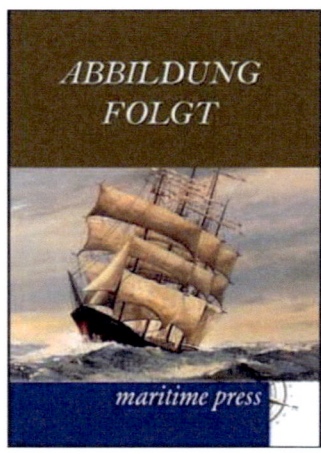

Nauticus
Altes und Neues zur Flottenfrage

1. Auflage 2012
260 Seiten Paperback
37,90 € (D)
Sprache: Deutsch
ISBN/EAN: 9783954271634

Der Ausbau der deutschen Flotte zählte zu den wichtigsten politischen Zielen im Deutschen Kaiserreich. Gemeinsam mit Alfred von Tirpitz, Staatssekretär im Reichsmarineamt und späterer Großadmiral, legte Wilhelm II. Ende des 19. Jahrhunderts einen ehrgeizigen Plan für die Aufrüstung der deutschen Flotte vor. Ihr Ziel war es, die britische Seevorherrschaft zu brechen und das Deutsche Reich als Weltmacht zu etablieren.

Als gesetzliche Grundlage für den Flottenausbau dienten zwei Gesetze, die der Reichstag 1898 und 1900 verabschiedete und in den folgenden Jahren mehrfach novellierte. Das erste Flottengesetz sollte den Bau einer mächtigen Schlachtflotte für potentielle Kriegseinsätze in der Nord- und Ostsee ermöglichen. Trotz der enormen finanziellen Risiken und des drohenden Rüstungskrieges mit England fand es breite Unterstützung. Das vorliegende parallel zur Verabschiedung des Gesetzes von 1898 veröffentlichte Nachschlagebuch zur Flottenfrage beabsichtigte, der interessierten Öffentlichkeit die wichtigsten Fragen zur Gesetzesänderung zu beantworten und die politischen, wirtschaftlichen, militärischen und historischen Argumente für die kaiserliche Flottenpolitik näher zu beleuchten.

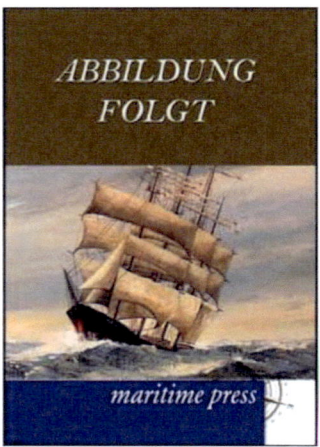

Nauticus
Weitere Beiträge zur Flottenfrage

1. Auflage 2012
236 Seiten Paperback
36,90 € (D)
Sprache: Deutsch
ISBN/EAN: 9783954271641

Der Ausbau der deutschen Flotte zählte zu den wichtigsten politischen Zielen im Deutschen Kaiserreich. Gemeinsam mit Alfred von Tirpitz, Staatssekretär im Reichsmarineamt und späterer Großadmiral, legte Wilhelm II. Ende des 19. Jahrhunderts einen ehrgeizigen Plan für die Aufrüstung der deutschen Flotte vor. Ihr Ziel war es, die britische Seevorherrschaft zu brechen und das Deutsche Reich als Weltmacht zu etablieren.

Als gesetzliche Grundlage für den Flottenausbau dienten zwei Gesetze, die der Reichstag 1898 und 1900 verabschiedete und in den folgenden Jahren mehrfach novellierte. Das erste Flottengesetz sollte den Bau einer mächtigen Schlachtflotte für potentielle Kriegseinsätze in der Nord- und Ostsee ermög-lichen. Trotz der enormen finanziellen Risiken und des drohenden Rüstungskrieges mit England fand es breite Unterstützung. Der vorliegende Sammelband ist eine Fortsetzung des ebenfalls 1898 er-schienenen Nauticus-Nachschlagebuchs „Altes und Neues zur Flottenfrage". Er enthält weitere Aufsätze, die über die kaiserlichen Flottenpläne informieren und die Argumente für das neue Flottengesetz näher beleuchten.

Nettelbeck, Joachim
Joachim Nettelbecks wundersame Lebensgeschichte

1. Auflage 2012
400 Seiten Paperback
39,90 € (D)
Sprache: Deutsch
ISBN/EAN: 9783954271597

Die Lebensgeschichte Joachim Nettelbecks gehört zu den spannendsten Biografien in der deutschen Seefahrerei des 18. Jahrhunderts. 1738 in Kolberg geboren, fährt der Sohn eines Schuhmachers schon im Alter von elf Jahren zur See. Später erwirbt er das Kapitänspatent und wird Schiffseigner. Eine Zeit lang ist er als Kapitän in preußischen Diensten angestellt, wird nach einem Streit mit seinem Vorgesetzten aber entlassen. Nachdem er durch einen 1783 erlittenen Schiffbruch einen Großteil seines Vermögens verliert, beginnt er eine erfolgreiche Zweitkarriere als Brauer und Branntweinbrenner. Auch macht er sich einen Namen in der Koberger Kommunalpolitik, vor allem durch seinen Einsatz für die Belange der kleinen Leute. Legendären Ruhm erlangt Nettelbeck 1806, als er gemeinsam mit Neidhardt von Gneisenau seine Heimatstadt gegen die Truppen Napoleons verteidigt.

In seinen Memoiren, die 1822 - zwei Jahre vor seinem Tode - erscheinen, lässt Nettelbeck die verschiedenen Stationen seiner bewegten Biografie Revue passieren. Der Leser erhält Einblick in das Leben eines außergewöhnlichen Mannes und in die ereignisreiche preußische Geschichte des 18. und frühen 19. Jahrhunderts.

Pietzker, Felix
Festigkeit der Schiffe

2. Auflage 2012
240 Seiten Paperback
39,90 € (D)
Sprache: Deutsch
ISBN/EAN: 9783954270644

Mit dem Aufkommen von Eisen und Stahl im Schiffbau taten sich zahlreiche Probleme auf. Der Spagat zwischen möglichst leichten und gleichzeitig möglichst festen Verbänden, die auch noch die erforderliche Flexibilität aufwiesen, gelang gerade in der Anfangszeit nicht immer, zumal die Schiffsgrößen und damit die Probleme rasch zunahmen. So kam es vor, dass vermeintlich feste Schiffe beim ersten Eindocken weich wurden oder dass sich Nieten lösten.

Umso wichtiger waren theoretische und praktische Untersuchungen zum Thema Festigkeit der Schiffe. Dieses hier wieder aufgelegte Werk von Pietzker war lange Zeit wegweisend. Es befasst sich mit allen Aspekten - den Grundlagen, den Schiffbauträgern, dem Material, der Niet, den Verbänden und den verschiedenen Druckverhältnissen, denen der Schiffskörper ausgesetzt wird (Wasser, Dock). Schließlich geht der Autor noch dezidiert auf die Auswirkungen schwerer Bauelemente wie Geschützen, Maschinen, Kesseln etc. auf den Schiffskörper ein.

Radunz, Karl
100 Jahre Dampfschiffahrt 1807-1907

1. Auflage 2012
312 Seiten Paperback
39,90 € (D)
Sprache: Deutsch
ISBN/EAN: 9783954270767

Im Jahre 1907, als dieses Buch erstmals verlegt wurde, erlebte die Dampffschiffahrt ihren Höhepunkt. Hundert Jahre nach ihren zögerlichen Anfängen dominierte sie die Handelsschiffahrt und hatte die unzuverlässige und langsame Segelschiffahrt weitgehend verdrängt.

Radunz schaffte mit diesem opulenten Werk erstmalig einen umfassenden Überblick über die Entwicklungsgeschichte der Dampfschiffe in deutscher Sprache, der auch heute noch ihresgleichen sucht.

Reichs-Marine-Amt
Spitzbergen-Handbuch

1. Auflage 2012
372 Seiten Paperback
49,90 € (D)
Sprache: Deutsch
ISBN/EAN: 9783954270613

Das legendäre Spitzbergen-Handbuch aus dem Jahr 1916 umfasst die Beschreibung der Bären-Insel und aller Inseln und Inselgruppen, die zu Spitzbergen gerechnet werden. Ziel war es, den Seefahrern Informationen für Navigation und Wetterkunde an die Hand zu geben. Spitzbergen war seinerzeit noch weitgehend unerforscht.

Dieses erste relativ präzise Handbuch der Gegend ist der Expedition der „Olga" im Sommer 1898 zu verdanken. Kapitän Richard Dittmer, der die Reise leitete, hat auch dieses Handbuch im Wesentlichen geprägt. Noch heute begeistert das Buch durch seine präzisen, reich bebilderten Angaben und Hinweise.

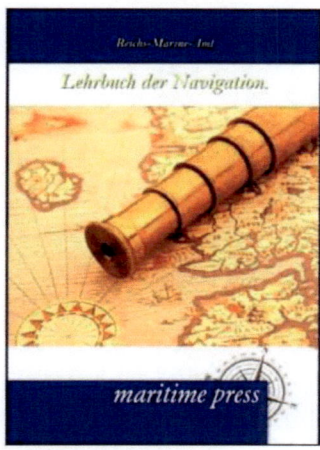

Reichs-Marine-Amt
Lehrbuch der Navigation.

1. Auflage 2012
476 Seiten Paperback
44,90 € (D)
Sprache: Deutsch
ISBN/EAN: 9783954271269

Dieses amtliche Lehrbuch zur Navigation des Reichs-Marine-Amtes aus dem Jahr 1906 diente Generationen von Nautikern, namentlich bei der Marine, aber auch in der Handelsschifffahrt als Standartwerk zur Ausbildung des Nachwuchses.

Das Buch enthält alles, was man in Bezug auf terrestrische und astronomische Navigation sowie über die Gezeitenkunde wissen musste und ist auch heute noch hoch interessant, da es Navigationsmethoden erläutert, die in Zeiten von GPS zu Unrecht in Vergessenheit geraten sind, vermitteln sie doch einen ganz anderen Zugang zur Kunst der Navigation.

Reichs-Marine-Amt
Segelhandbuch für den Persischen Golf.

1. Auflage 2012
324 Seiten Paperback
34,90 € (D)
Sprache: Deutsch
ISBN/EAN: 9783954271276

Dieses Segelhandbuch für den persischen Golf des Reichs-Marine-Amtes aus dem Jahr 1907 diente Nautikern im frühen 19. Jahrhundert als wichtige Hilfe bei der Befahrung dieser schwierigen Gewässer.

Wie aufgrund seines offiziellen Charakters nicht anders zu erwarten, ist es nicht nur absolut vollständig, sondern wartet darüber hinaus mit einer Fülle von weiteren maßgeblichen Informationen zur Seefahrt der Region und zu Land und Leuten sowie den Gebräuchen in den Häfen auf. So ist das historische Werk auch heute noch von großem Interesse.

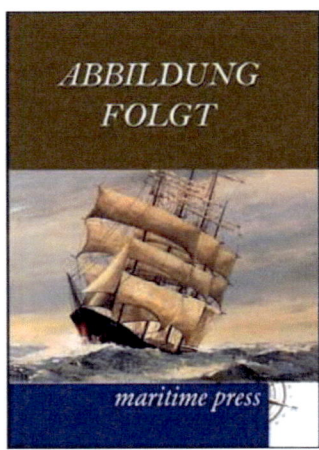
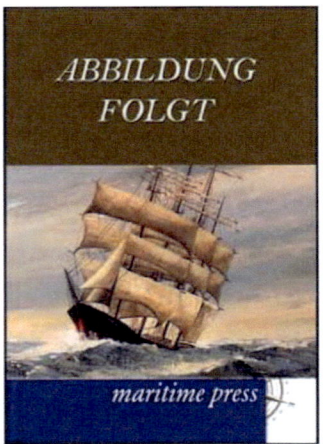

Reichs-Marine-Amt
Forschungsreise SMS Gazelle 1874 bis 1876
1. Auflage 2012
428 Seiten Paperback
39,90 € (D)
Sprache: Deutsch
ISBN/EAN: 9783954271658

Die SMS Gazelle - 1859 zunächst für die preußische Marine vom Stapel gelaufen, später Teil der Flotte im Kaiserreich - unternahm in den 1870er Jahren eine große Forschungsreise. Unter dem Kommando des späteren Vizeadmirals Georg Freiherr von Schleinitz brach die Korvette 1874 von Kiel aus zu einer zweijährigen Expedition auf, die sie unter anderem zum Kap der Guten Hoffnung, in die Südsee und durch die Magellanstraße führte. An Bord des Schiffes waren mehrere Wissenschaftler, die die Fahrt primär für die Erforschung des Meeresbodens nutzten, aber auch auf den Feldern der Botanik und Zoologie wichtige Erkenntnisse gewinnen konnten. Gut zehn Jahre nach ihrer Rückkehr erschien ein fünf Bände umfassender Reise- und Forschungsbericht, der die Ereignischronik und die Errungenschaften der Expedition anschaulich zusammenfasst.
Der erste Teil enthält einen allgemeinen Überblick über die Entstehung, Organisation und Ziele der Expedition und die Ausrüstung des Schiffes, außerdem eine Beschreibung der Reise einschließlich der wichtigsten wissenschaftlichen Untersuchungen.

Reichs-Marine-Amt
Forschungsreise SMS Gazelle 1874 bis 1876
1. Auflage 2012
348 Seiten Paperback
39,90 € (D)
Sprache: Deutsch
ISBN/EAN: 9783954271665

Die SMS Gazelle - 1859 zunächst für die preußische Marine vom Stapel gelaufen, später Teil der Flotte im Kaiserreich - unternahm in den 1870er Jahren eine große Forschungsreise. Unter dem Kommando des späteren Vizeadmirals Georg Freiherr von Schleinitz brach die Korvette 1874 von Kiel aus zu einer zweijährigen Expedition auf, die sie unter anderem zum Kap der Guten Hoffnung, in die Südsee und durch die Magellanstraße führte. An Bord des Schiffes waren mehrere Wissenschaftler, die die Fahrt primär für die Erforschung des Meeresbodens nutzten, aber auch auf den Feldern der Botanik und Zoologie wichtige Erkenntnisse gewinnen konnten. Gut zehn Jahre nach ihrer Rückkehr erschien ein fünf Bände umfassender Reise- und Forschungsbericht, der die Ereignischronik und die Errungenschaften der Expedition anschaulich zusammenfasst.
Der zweite Teil enthält die auf dem Gebiet der Physik und Chemie durchgeführten Forschungen. Dazu zählen ozeanografische Beobachtungen, die nähere Bestimmung der Spezifika des Meerwassers, Wellenstudien, mineralogisch-geologische Untersuchungen und Gezeitenbeobachtungen.

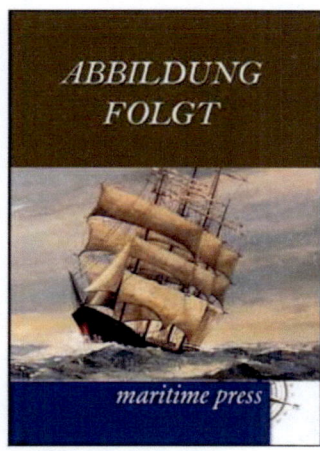

Reichs-Marine-Amt
Forschungsreise SMS Gazelle 1874 bis 1876

1. Auflage 2012
310 Seiten Paperback
39,90 € (D)
Sprache: Deutsch
ISBN/EAN: 9783954271689

Die SMS Gazelle - 1859 zunächst für die preußische Marine vom Stapel gelaufen, später Teil der Flotte im Kaiserreich - unternahm in den 1870er Jahren eine große Forschungsreise. Unter dem Kommando des späteren Vizeadmirals Georg Freiherr von Schleinitz brach die Korvette 1874 von Kiel aus zu einer zweijährigen Expedition auf, die sie unter anderem zum Kap der Guten Hoffnung, in die Südsee und durch die Magellanstraße führte. An Bord des Schiffes waren mehrere Wissenschaftler, die die Fahrt primär für die Erforschung des Meeresbodens nutzten, aber auch auf den Feldern der Botanik und Zoologie wichtige Erkenntnisse gewinnen konnten. Gut zehn Jahre nach ihrer Rückkehr erschien ein fünf Bände umfassender Reise- und Forschungsbericht, der die Ereignischronik und die Errungen-schaften der Expedition anschaulich zusammenfasst.
Der vierte Teil enthält die Beschreibung der botanischen Forschungsergebnisse.

Reichs-Marine-Amt
Forschungsreise SMS Gazelle 1874 bis 1876

1. Auflage 2012
360 Seiten Paperback
39,90 € (D)
Sprache: Deutsch
ISBN/EAN: 9783954271672

Die SMS Gazelle - 1859 zunächst für die preußische Marine vom Stapel gelaufen, später Teil der Flotte im Kaiserreich - unternahm in den 1870er Jahren eine große Forschungsreise. Unter dem Kommando des späteren Vizeadmirals Georg Freiherr von Schleinitz brach die Korvette 1874 von Kiel aus zu einer zweijährigen Expedition auf, die sie unter anderem zum Kap der Guten Hoffnung, in die Südsee und durch die Magellanstraße führte. An Bord des Schiffes waren mehrere Wissenschaftler, die die Fahrt primär für die Erforschung des Meeresbodens nutzten, aber auch auf den Feldern der Botanik und Zoologie wichtige Erkenntnisse gewinnen konnten. Gut zehn Jahre nach ihrer Rückkehr erschien ein fünf Bände umfassender Reise- und Forschungsbericht, der die Ereignischronik und die Errungen-schaften der Expedition anschaulich zusammenfasst.
Der dritte Teil enthält die auf zoologischem und geologischem dem Gebiet durchgeführten Untersu-chungen. Besonderes Augenmerk liegt auf der Beschreibung der Existenzbedingung, unter denen die beobachteten Tiere vorkamen.

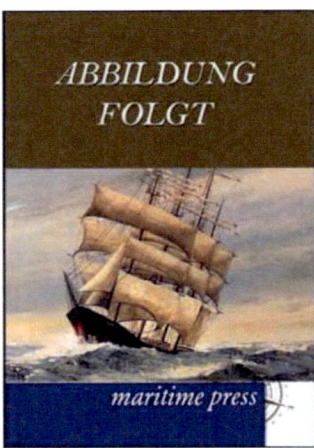

Reichs-Marine-Amt
Forschungsreise SMS Gazelle 1874 bis 1876
1. Auflage 2012
288 Seiten Paperback
39,90 € (D)
Sprache: Deutsch
ISBN/EAN: 9783954271696

Die SMS Gazelle - 1859 zunächst für die preußische Marine vom Stapel gelaufen, später Teil der Flotte im Kaiserreich - unternahm in den 1870er Jahren eine große Forschungsreise. Unter dem Kommando des späteren Vizeadmirals Georg Freiherr von Schleinitz brach die Korvette 1874 von Kiel aus zu einer zweijährigen Expedition auf, die sie unter anderem zum Kap der Guten Hoffnung, in die Südsee und durch die Magellanstraße führte. An Bord des Schiffes waren mehrere Wissenschaftler, die die Fahrt primär für die Erforschung des Meeresbodens nutzten, aber auch auf den Feldern der Botanik und Zoologie wichtige Erkenntnisse gewinnen konnten. Gut zehn Jahre nach ihrer Rückkehr erschien ein fünf Bände umfassender Reise- und Forschungsbericht, der die Ereignischronik und die Errungen-schaften der Expedition anschaulich zusammenfasst.

Der vierte Teil enthält eine nähere Beschreibung der meteorologischen Beobachtungen, die an Bord der SMS Gazelle gemacht wurden.

Renner, C.
Klassische Navigation an Bord von Jachten
1. Auflage 2012
156 Seiten Paperback
29,90 € (D)
Sprache: Deutsch
ISBN/EAN: 9783954270347

Klassische Navigation an Bord von Jachten ist eine alte Kunst, die auch in Zeiten von GPS und Plotter nicht nur ihre eigene Faszination, sondern auch noch ihre ureignen Berechtigung hat.

Der Autor befasst sich in diesem Buch leicht verständlich mit allen Aspekten der klassischen Navigation auf See, soweit sie den Wandersegler betreffen. Dies sind unter anderem die Bedienung von Kompass, Logge, und Lot. Das Lesen von Seekarten und Seehandbüchern wird ebenso gelehrt wie Peilungen und Standlinien. Auch die Gezeitenkunde wird dargestellt.

Der Autor versteht es dabei, sich von schwer verständlicher theoretischer Fachliteratur abzuheben und leicht lesbar auch für den interessierten Laien verständlich zu machen, worauf es bei der Navigation auf See ankommt.

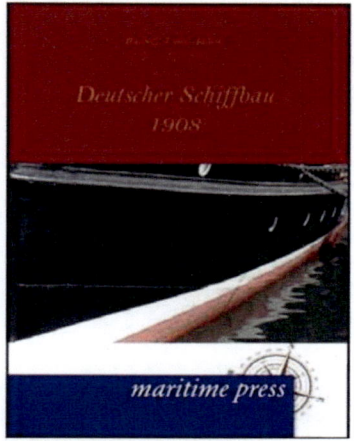

Rosenberger, Eugenie
Auf großer Fahrt

1. Auflage 2012
340 Seiten Paperback
34,90 € (D)
Sprache: Deutsch
ISBN/EAN: 9783954271573

Mehr noch als heute war die Seefahrt des 19. Jahrhunderts von Männern dominiert. Frauen an Bord bildeten die absolute Ausnahme und dienten bestenfalls als schmückendes Beiwerk. Umso bemerkenswerter ist es, dass die Kapitänsfrau Eugenie Rosenberger ihren Mann nicht nur auf seinen großen Fahrten begleitete, sondern aktiv am Geschehen auf dem Schiff und an der Erkundung der Zielhäfen teilnahm. Für mehrere Jahre fuhr sie auf der Bremer REGULUS mit und reiste an so exotische Orte wie Rio de Janeiro, Rangun und Singapur. Ihre abenteuerlichen Erlebnisse hielt sie in einem Seetagebuch fest, welches sie 1899 unter dem Titel „Auf großer Fahrt" veröffentlichte. Der lebendige und mit zahlreichen interessanten Details versehene Reisebericht fand im Kaiserreich viele begeisterte Leser und ist noch immer eines der faszinierendsten zeithistorischen Dokumente über die Segelschifffahrt der vorletzten Jahrhundertwende.

Rudloff, J. und Andere
Deutscher Schiffbau 1908

1. Auflage 2012
240 Seiten Paperback
49,90 € (D)
Sprache: Deutsch
ISBN/EAN: 9783954270699

„Unsere Zukunft liegt auf dem Wasser."

Diese Worte des deutschen Kaisers hatten im Jahre 1908, dem Austragungsjahr der deutschen Schiffbauausstellung in Berlin, noch unmittelbare Gültigkeit. So verwundert es nicht, dass patriotische Töne dieses wertvolle historische Dokument prägen.

Das Kompendium beschreibt den Stand des deutschen Schiffbaus im Jahr 1908 in Wort und Bild und enthält darüber hinaus Beiträge zu den Themen Marine, Schiffs-Ölmaschinen, Dampfturbinen, Schiffbau, Schiffselektrik, Schiffsausrüstung, Eisen- und Stahlgewinnung und Werftanlagen. Hinzu kommt ein interessanter Überblick über die zeitgenössische Schiffbauindustrie.

**Sartori, August
Der Nord-Ostsee-Kanal**

1. Auflage 2012
72 Seiten Paperback
19,90 € (D)
Sprache: Deutsch
ISBN/EAN: 9783954270811

Im Jahre 1894, am Vorabend der Eröffnung des Nord-Ostsee-Kanals, erschien dieses Buch, mit dem der Autor die Beziehungen zwischen dem NOK und den deutsch Seehäfen insbesondere im Hinblick auf den aufblühenden Handel zwischen Ost- und Nordseeraum untersucht. Das geschieht ebenso leidenschaftlich wie akribisch und offenbart manch verblüffende Erkenntnis über die Schifffahrt jener Zeit, aber auch über die militärische Bedeutung des Kanals.

**Schaller, Ludwig; Höpfner, Jönni; Tiller, Artur
Taschenbuch für Schiffbauer, Bootbauer, Schiffzimmerer und Segelmacher**

1. Auflage 2012
348 Seiten Paperback
39,90 € (D)
Sprache: Deutsch
ISBN/EAN: 9783954270668

In diesem Buch aus dem Jahre 1937 sind die wesentlichen Grundlagen und Arbeitsvorgänge aller schiffbaulichen Berufe in übersichtlicher Form erklärt. Erfahrungen aus der Praxis sind hier für Schiffbauer, Bootsbauer, Zimmerer und Segelmacher gesammelt. Diesen Berufen fehlte damals ein effektives Hilfsmittel zur korrekten Ausführung der täglichen Arbeiten in der Werkstatt oder an Bord. Auch heute ist das Buch sehr hilfreich, wenn es um die Ausführung von Arbeiten an traditionellen Schiffen geht.

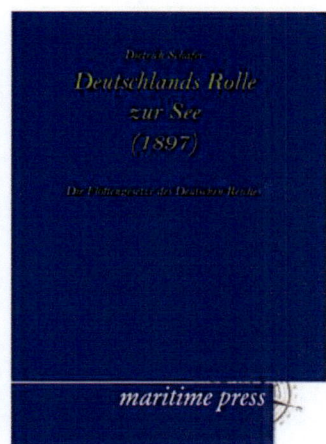

Schäfer, Dietrich
Deutschlands Rolle zur See (1897)

1. Auflage 2012
68 Seiten Paperback
19,90 € (D)
Sprache: Deutsch
ISBN/EAN: 9783954271092

Das Buch erschien im Vorfeld der Abstimmung des Reichstages über das erste Flottengesetz des Deutschen Reiches. Der Autor war ein Befürworter der Aufrüstung der deutschen Hochseeflotte und betont in dieser Abhandlung die große Bedeutung der Nordsee und ihrer Häfen für Deutschlands Handels- und Wehrkraft. Schäfer legt eine ganze Handels- und Verkehrsgeschichte der Nordsee und ihrer Anrainerstädte von den mittelalterlichen Anfängen bis in die Gegenwart vor.

Schück, A.
Alte Schiffskompasse und Kompassteile

1. Auflage 2012
80 Seiten Paperback
34,90 € (D)
Sprache: Deutsch
ISBN/EAN: 9783954271467

Dieses Hauptwerk des leidenschaftlichen Kompass-Sammlers Schück befasst sich in erster Linie mit dem Gesamtbestand historischer Schiffskompasse im Besitz Hamburgischer Staatsanstalten in der Zeit vor dem ersten Weltkrieg.
Mit vielen Abbildungen versehen, verschafft Schück einen wunderbaren Eindruck davon, warum Kompasse im Ansehen der Seefahrer weit über das normaler Gebrauchsgegenstände weit hinaus ging. Mancher Kompass wurde als potentieller Lebensretter so reich verziert, dass man ihn auch auf einen Altar hätte heben können.
Das Buch ist nicht nur für Liebhaber maritimer Kultur eine unerschöpfliche Fundgrube.

Scheibert, Wilhelm; Scheibert, Klaus
Wandersegeln (1928)

1. Auflage 2012
84 Seiten Paperback
17,90 € (D)
Sprache: Deutsch
ISBN/EAN: 9783954270552

Auszug aus dem Vorwort:

„Deutschland besitzt nach Kanada und Finnland die zahlreichsten für Wandersegeln am besten geeigneten Gewässer. Lange ist dies der Öffentlichkeit verborgen geblieben, und viele wissen heute noch nichts davon. Als wir mit unserem Vater vor heute etwa vierzig Jahren zum ersten Male von Berlin nach den mecklenburgischen Seen segelten, da begegnete uns nur ein Boot — ein Engländer. Es war die bekannte Kanu-Yawl „Ethel", auf der ein englischer Marinemaler Holmes unsere Binnenseen und die Ostseeküste bereiste.

Viele seiner Skizzen sind in deutschen Segelbüchern erschienen und haben andere verlockt, sich auch einmal auf solcher Fahrt zu erproben. Erst ganz allmählich hat sich solches Wanderleben quer durch die Welt der prachtvollen deutschen Binnenseen weiter verbreitet; kann man doch durch das reich verzweigte Netz unserer Wasserstraßen von Tilsit nach Basel segeln, ohne die See zu berühren. Damals war das Wasserwandern noch nicht erfunden. Wer irgendwo erzählte, daß er von Berlin nach Hamburg oder nach dem Müritzsee segeln wollte, der wurde mitleidig betrachtet und für ein bißchen „lüttiti" im Kopfe gehalten!

Schilling, Walter
Statik der Bodenkonstruktion von Schiffen (1925)

1. Auflage 2012
196 Seiten Paperback
34,90 € (D)
Sprache: Deutsch
ISBN/EAN: 9783954270606

Die Statik größerer Schiffsrümpfe ist außerordentlich komplex. Die auf die Konstruktion einwirkenden Kräfte sind vielfältig und je nach Belastungs- und Umgebungszustand sehr unterschiedlich und nicht alles lässt sich theoretisch vorhersagen. So mehrten sich seinerzeit Fälle, in denen sich bei größeren Schiffen beim Docken Nieten lösten oder bei der Verwendung von Zahnradgertieben unter Umständen zu große Torsionskräfte auftraten.

Dieses Werk aus dem Jahr 1925 zeigt in Wort und Bild, wie solche Verbände konstruiert und gebaut werden müssen, um den Anforderungen der Klassifikationsgesellschaften zu genügen und darüber hinaus auch den besonderen Anforderungen der Praxis zu genügen. Eigner von Traditionsschiffen, aber auch Werften finden hier viele grundlegende Informationen für Arbeiten an Schiffsrümpfen.

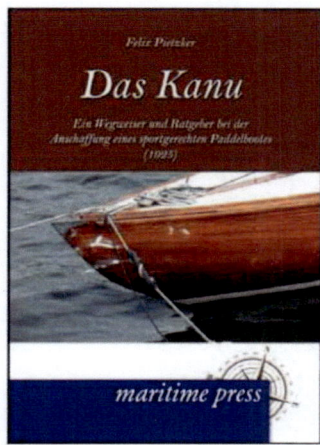

Schmidt, Hugo
Das Kanu

1. Auflage 2012
240 Seiten Paperback
37,90 € (D)
Sprache: Deutsch
ISBN/EAN: 9783954270651

Hugo Schmidt war Pressewart des Deutschen Kanu-Verbandes und als solcher engstens mit Paddelbooten und Kanadiern vertraut. Er schrieb dieses umfassende und mit 169 Abbildungen garnierte Werk mit dem Ziel, am Bootssport interessierten Menschen Hilfe bei der Auswahl, aber auch beim Bau oder der Reparatur von Kajaks oder Kanadiern zu geben. Schmidt beschreibt, für wen welches Boot das geeignete ist, wo die Unterschiede der verschiedenen Bootstypen liegen und wie Boote konstruiert und gebaut werden. Ein Kapitel widmet sich darüber hinaus verschiedenen Rissen aller möglicher Bootstypen.
Schließlich befasst sich Schmidt eingehend mit dem seinerzeit sehr populären Thema Faltboot.

Scholz, Wilhelm
Klassische Schiffsdieselmotoren

. Auflage 2012
288 Seiten Paperback
44,90 € (D)
Sprache: Deutsch
ISBN/EAN: 9783954270323

Wilhelm Scholz wirkte in den 1920er Jahren als Direktor der Deutschen Werft in Finkenwerder (heute Teil von HDW Kiel), die sich nach dem ersten Weltkrieg erfolgreich auf den Bau von Handels- und Spezialschiffen, später auch Unterseebooten verlegte.
In jener Zeit begann der schnell laufende Diesel- oder Ölmotor, der zwar kraftvollen, aber schwerfälligen und teuren Dampfturbine zunehmend Konkurrenz zu machen. Allerdings war man im Umgang mit der für damalige Verhältnisse hochmodernen Technologie noch ungeübt. Dies betraf in erster Linie die Besatzungen auf Handelsschiffen und hier insbesondere die Ingenieure und Maschinisten, aber auch die Nautiker.
Das Buch enthält alles, was Besatzungen zum Verständnis von Schiffsdieselmotoren wissen mussten, angefangen von der Entstehungsgeschichte über Brennstoffkunde und Gemischbildung, dem konstruktiven Aufbau, der Steuerung und Umsteuerung sowie einem umfangreichen Kapitel zur Wartung und Instandhaltung mit einem Fehlersuchschema für Dieselmotoren. Abgerundet wird das Werk durch die Vorschriften des GL für Verbrennungskraftmaschinen.

Schulze, Franz
NAUTIK

1. Auflage 2012
168 Seiten Paperback
29,90 € (D)
Sprache: Deutsch
ISBN/EAN: 9783954271429

Franz Schulze war Direktor der Navigationsschule zu Lübeck und damit ausgewiesener Fachmann in Bezug auf alle Fragen der Schiffahrtskunde. Dieses Buch aus dem Jahr 1898 diente als praktischer Almanach für den gesamten nautischen Bordbetrieb auf damaligen Handelsschiffen.
Es enthält alles Wissenswerte zur terrestrischen und astronomischen Navigation, eine Übersicht über alle nautischen Instrumente und vieles andere mehr. Wer sich - etwa an Bord traditioneller Schiffe - für herkömmliche Navigation interessiert, kommt an diesem gut lesbaren Grundlagenwerk nicht vorbei.

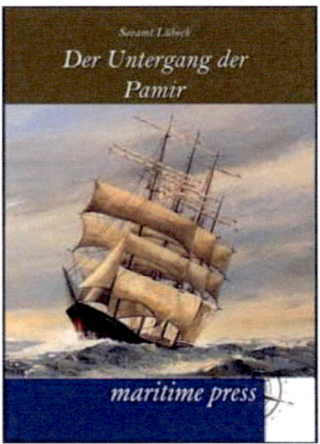

Seeamt Lübeck
Der Untergang des Segelschulschiffes Pamir

1. Auflage 2012
412 Seiten Paperback
42,90 € (D)
Sprache: Deutsch
ISBN/EAN: 9783954270507

Kaum ein Seeunglück hat die deutsche Nachkriegsgeschichte so erschüttert wie der Unterang der "Pamir" im September 1957 in einem schweren Atlantiksturm. Bereits kurz nach dem Untergang, der 80 überwiegend jungen Seekadetten das Leben kostete, schossen wilde Spekulationen ins Kraut. Das Schwesterschiff Passat wurde stillgelegt, das Ende der frachtfahrenden Großsegler besiegelt.
Die Spekulationen zur Unglücksursache haben bis heute nicht abgerissen. Umso wichtiger ist es, die wohl erwogenen und sorgfältig begründeten Feststellungen und Wertungen der Seeämter in diesem Fall zur Kenntnis zu nehmen. Das Buch enthält den unkommentierten Abdruck aller Seeamtssprüche zum Untergang der "Pamir" einschließlich aller Anlagen und Vernehmungsprotokolle.

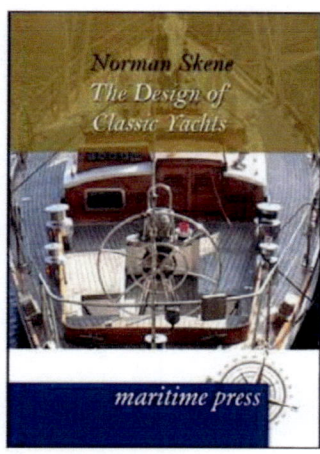

Skene, Norman
The Design of Classic Yachts

1. Auflage 2012
100 Seiten Paperback
39,90 € (D)
Sprache: Englisch
ISBN/EAN: 9783954271450

This book from 1905 was intended to be a concise and practical presentation of the processes involved in designing a classic yacht of these times. This handbook was thoroughly intended to be practical in character, all mathematics and theoretical presentations having been eleminated as far as possible, so that the operations may readily be grasped by men without technical education.

A special feature of this book is the series of curves for determining the proportions of sailing yachts of various sizes. The different operations involved in designing a sailing yacht are illustrated in the text by work on the 30-foot water line sloop whose plans are given in full. The complete data on this design is also given in the appendix.

Smith, Thomas
The Handbook of Iron Shipbuilding

1. Auflage 2012
76 Seiten Paperback
29,90 € (D)
Sprache: Englisch
ISBN/EAN: 9783954271443

One of the best handbooks on Iron Shipbuilding. Easy to understand, this books trades with all aspects of traditional shipbuilding, such as keels, stern frames, stems, rudders, frames and angles, floor plates, stringers, bulkheads, sheerstrakes, beams etc.

Spindler, Karl
Das geheimnisvolle Schiff
1. Auflage 2012
264 Seiten Paperback
29,90 € (D)
Sprache: Deutsch
ISBN/EAN: 9783954271320

Der Hilfskreuzer Libau wurde in der Tarnung eines norwegischen Handelsschiffes als Blockadebrecher der Kaiserlichen Marine eingesetzt, der im April 1916 unter Leutnant zur See Karl Spindler an die Westküste von Irland entsandt wurde, um eine Waffen- und Sprengstoffladung für die Teilnehmer des Osteraufstands zu liefern.
Aufgrund von Kommunikationsdefiziten wurde die Libau in Fenit Harbour in der Tralee-Bucht von den Rebellen nicht angetroffen. Auf der Flucht vor der Royal Navy versenkte sich die Libau schließlich vor Queenstown am 22. April 1916 selbst. Die Besatzung geriet in britische Kriegsgefangenschaft.
Der Kapitän der Libau hat diesen packenden Bericht einer Seefahrt ins Ungewisse bereits im Jahr 1921 mit großem Erfolg publiziert. Bis heute hat Buch nichts von seiner Faszination verloren.

Sprenger, Balthasar
Die erste Handelsreise der Welser und Fugger nach Indien 1505/06
1. Auflage 2012
160 Seiten Paperback
29,90 € (D)
Sprache: Deutsch
ISBN/EAN: 9783954271085

Dieses Werk erzählt von der ersten unter deutscher Beteiligung stattfindenden Handelsexpedition nach Indien. Das Buch zeichnet die Ausgangssituation und den Verlauf der Fahrt von der Beschreibung des Indienhandels vor Entdeckung des Seeweges und der Verbindung der süddeutschen Handelshäuser zu Portugal über die Vorbereitungen der Expedition und ihrer exakten chronologischen Darstellung bis hin zur Rückfahrt und den Resultaten und Auswirkungen für die deutschen Kaufleute nach.
Das Buch gründet auf den Reiseberichten Balthasar Sprengers, der im Auftrag des Augsburger Handelshauses Welser an der Fahrt teilnahm.

Stöwer, Willy
Der deutsche Segelsport

. Auflage 2012
364 Seiten Paperback
49,90 € (D)
Sprache: Deutsch
ISBN/EAN: 9783954270545

Willy Stöwer war ein berühmter Schiffsmaler seiner Zeit, dessen ganze Liebe dem Jachtsport galt. Die stets ebenso dramatischen wie realistischen Bilder des begeisterten Regattaseglers faszinieren auch heute noch.
In diesem Buch aus dem Jahr 1905, herausgegeben zu einer Blütezeit des frühen Segelsports im deutschen Reich, hat er seine umfangreichen Erfahrungen, sein gesamtes Wissen und seine schönsten Bilder zusammengeführt. Entstanden ist so ein umfassendes Kompendium über den gesamten deutschen Segelsport.
Geschichte, Typenkunde, Entwürfe, Risse, Bauanleitungen, aber auch so spannende Dinge wie Regattaregeln, Yachtreisen und ein Bericht über die Kieler Woche zu jener Zeit machen den Stöwer zu einer unverzichtbaren Lektüre für alle Liebhaber klassischer Yachten.

Stiel, Paul
Das Recht der Piraterie

1. Auflage 2012
76 Seiten Paperback
29,90 € (D)
Sprache: Deutsch
ISBN/EAN: 9783954270866

Das Recht der Piraterie - was sich zunächst wie ein Widerspruch in sich liest, ergibt doch see- und völkerrechtlich einen Sinn. Denn dieses unterscheidet durchaus feinsinnig zwischen der Piraterie und der Kaperfahrt. Erstere kann nationalstaatlich erlaubt sein - doch gilt das auch im internationalen Seerecht? Und wie grenzt man Piraterie von der gesetzlosen Kaperei ab? Paul Stiel hat die spannenden Antworten.

Szymanski, Hans
Die Ever der Niederelbe

1. Auflage 2012
476 Seiten Paperback
44,90 € (D)
Sprache: Deutsch
ISBN/EAN: 9783954270101

Hölzerne Segelfahrzeuge haben lange Zeit die gewerbliche Schiffahrt Norddeutschlands bestimmt. Charakteristisch für diese Fahrzeuge war ihre zwar robuste, den besonderen Anforderungen der Region angepasste Bauweise, aber auch ihre begrenzte Lebensdauer. Ein, maximal zwei Generationen hielten sie, dann waren die Verbände geschwächt und das Holz rott. Die Konkurrenz nutzte größere, wirtschaftlichere Einheiten und erzeugte so einen kommerziellen Druck, dem man nachgeben musste. So starben innerhalb weniger Jahrzehnte ganze Fahrzeuggattungen aus oder wurden bis zur Unkenntlichkeit weiter entwickelt. Dies betraf auch die hölzernen Ever der Niederelbe, die bis zum 2. Weltkrieg das Bild der Häfen prägte.

Umso wichtiger sind heute, 80 Jahre danach, Dokumente aus jeder Zeit. Dieses hier wieder aufgelegte und bis heute unerreichte Grundwerk über die hölzernen Ever der Niederelbe entstand in den 1930er Jahren zu einer Zeit, als deren Niedergang bereits eingeleitet war. Gleichwohl war der hölzerne Ever damals noch auf der Elbe und ihren Nebenflüsse präsent. Seine Historie konnte noch buchstäblich überall mit den Händen erfasst werden, seine Erbauer lebten und die Bauwerften produzierten oder reparierten noch.

Dies und die für Hans Szymanski typische Akribie, mit der er ...

Szymanski, Hans
Die Anfänge der Dampfschiffahrt in Niedersachsen und in den angrenzenden Gebieten von 1817 bis 1867

1. Auflage 2012
516 Seiten Paperback
49,90 € (D)
Sprache: Deutsch
ISBN/EAN: 9783954270118

Dieses vergessene Werk aus dem Jahre 1958 befasst sich in einzigartiger Weise mit der gesamten Dampfschiffahrt an der deutschen Nordseeküste und im niedersächsischen Binnenland bzw. der (westfälischen) Stadt Minden. Dabei geht der Autor, der sich schon mit seinem Werk über die Ever der Niederelbe ein Denkmal gesetzt hat, in einer nicht wieder gesehenen Detailtreue auf alle bekannten und unbekannten Schiffe, Schiffstypen, Reeder etc. ein. Von den frühen Holzdampfschiffen bis hin zu den späten Transatlantikschiffen werden alle bekannten und unbekannten Fahrzeuge detailgetreu beschrieben. Regional befasst sich das Buch in unterschiedlichen Kapiteln mit den Dampfschiffen und der Dampfschiffahrt auf der gesamten Weser, Bremens, der Ems, dem Hamburger Raum, der gesamten Elbe, den Seebäderdiensten nach Helgoland und zu den ostfriesischen Inseln und der Seefahrt auf Nordsee und Atlantik.

Damit ist in jahrelanger akribischer Arbeit ein Kompendium entstanden, das wohl für immer seinesgleichen sucht.

Szymanski, Hans
Die Segelschiffe der deutschen Kleinschiffahrt
1. Auflage 2012
112 Seiten Paperback
24,90 € (D)
Sprache: Deutsch
ISBN/EAN: 9783954270125

Dieses Frühwerk von Hans Szymanski aus dem Jahr 1929 war der erste Versuch, die Entwicklung der kleinen Frachtsegelschiffe der deutschen Küstengebiete, etwa vom Ausgang des 18. Jahrhunderts, heimatkundlich darzustellen. Als Hilfsmittel werden zahlreiche Konstruktionszeichnungen, zeitgenössische Abbildungen, Modelle, Lichtbilder, Baubeschreibungen, Schiffsverzeichnisse und Literatur verwendet.

Insgesamt handelt es sich hier um eine akribisch recherchierte und infolge der damals noch nutzbaren Quellen mittlerweile einzigartige historische Quelle.

Der Autor vertieft insbesondere anhand von Beispielen, wie das jeweilige Revier Einfluss auf die Gestaltung der dort beheimateten Schiffe hatte.

Tenne, A.
Ruder-Kriegsschiffe der Griechen und Römer
1. Auflage 2012
88 Seiten Paperback
19,90 € (D)
Sprache: Deutsch
ISBN/EAN: 9783954270682

Ruder-Kriegsschiffe kennt man heute nur noch aus Filmen und Museen. Dabei hat diese Schiffsgattung mehrere Jahrhunderte überdauert und schon früh den Traum aller Seefahrer, nämlich die Unabhängigkeit von Wind und Strömung, zumindest in Teilen realisiert.

Dieses Buch befasst sich intensiv mit der Geschichte der Ruder-Kriegsschiffe und der verschiedenen Typen, die sich im Verlaufe der Zeit herausgebildet haben. Ein besonderes Kapitel ist der Theorie und Praxis des Ruderns großer Schiffe, der Berechnung der Geschwindigkeit und der erforderlichen Ruderer gewidmet.

Tetzner, F.; Heinrich, O.
Die Dampfkessel (1921)

6. Auflage 2012
400 Seiten Paperback
44,90 € (D)
Sprache: Deutsch
ISBN/EAN: 9783954271054

Dieses umfassende Grundlagenwerk wurde in 6. verbesserter Auflage zur Hochzeit des Dampfmaschinenbaus im Jahre 1921 geschrieben und befasst sich reich bebildert mit allen denkbaren Aspekten von Kesselanlagen und ihren Hilfseinrichtungen auf Schiffen.

Teubert, Wilhelm
Der Flußschiffbau (einschließlich Treibmittel)

1. Auflage 2012
464 Seiten Paperback
49,90 € (D)
Sprache: Deutsch
ISBN/EAN: 9783954270538

Der Mindener Marinebaumeister Wilhelm Teubert verfasste im Jahr 1920 dieses Grundlagenwerk zum Bau von Binnenschiffen, das für lange Zeit das umfangreichste Standartwerk in der deutschsprachigen Literatur zur Binnenschiffahrt und ihrem Bau werden sollte.

Es umfasst unter anderem die Themen Berechnung und Festigkeit der Schiffe, Fortbewegung (Segeln, Maschine, Kettenschiffahrt, Treideln, Schleppen), den Entwurf verschiedenster Typen (Heckraddampfer, Seitenraddampfer, regionale Typschiffe u.v.a.m.), und deren Bau. Dabei werden alle Baumaterialien (Holz, Eisen, Stahl, Aluminium, Eisenbeton) und Bauformen behandelt.

Das Buch bietet einen unvergleichlichen Einblick in die deutsche und europäische Binnenschiffahrt zwischen den Weltkriegen.

Timmermann, Gerhard
Vom Pfahlewer zum Motorkutter

. Auflage 2012
256 Seiten Paperback
39,90 € (D)
Sprache: Deutsch
ISBN/EAN: 9783954270019

Als nach dem zweiten Weltkrieg das Schleppnetz (Trawl) in die deutsche Seefischerei eingeführt wurde, stellte sich heraus, daß der bis dahin in der deutschen Küstenfischerei gebräuchliche Ewer für diese Art der Fischerei ungeeignet war. Man fand in dem in England entwickelten und dort in der Seefahrt viel gebrauchten Kutter ein passendes Fahrzeug. Allerdings mußte es für seinen fischereilichen Zweck in Deutschland umgebaut werden. Der englische Kutter wurde damit das Vorbild für den deutschen Fischkutter und alle weiteren Entwicklungen bis zum heutigen modernen Hochseekutter gehen auf ihn zurück.

Diese für unsere Hochseefischerei wichtige Begebnis ist in der Fischereiliteratur niemals richtig dargestellt und gewürdigt worden. Es ist daher sehr dankenswert, wenn der als Fachmann bekannte Autor sich mit diesem wichtigen geschichtlichen Abschnitt unserer Hochseefischerei befaßt. Der Autor hat unter Benutzung aller noch im Altonaer Museum, in den Kreisen der Finkenwerder Fischer und in den Kutterwerften der Unterelbe vorhandenen Unterlagen die Entwicklung vom Ewer bis zum modernen Hochseekutter dargestellt.

Tirpitz, Alfred von
Erinnerungen

1. Auflage 2012
560 Seiten Paperback
49,90 € (D)
Sprache: Deutsch
ISBN/EAN: 9783954271306

Der Autor, zuletzt Großadmiral des Deutschen Reiches, war ab 1897 Staatssekretär im Reichsmarineamt und treibende Kraft beim Ausbau der deutschen Hochseeflotte. Nach seinem „Tirpitzplan" sollte die Aufrüstung der deutschen Flotte über zwanzig Jahre eine annähernde Gleichrangigkeit mit der englischen Flotte und damit eine Vormachtstellung in der Nordsee erreichen. Tirpitz war auch für die Entwicklung des Handels- und Flottenstützpunktes Tsingtau in China verantwortlich.

In den Erinnerungen ist die persönliche Biografie von Tirpitz' eng mit einer Darstellung der Entwicklung der politisch-militärischen Verhältnisse vor und während des Ersten Weltkrieges verflochten. Tirpitz hat das Buch als eine Rechtfertigung seiner Politik verfaßt, die er als friedensbewahrend verstand.

Ulffers, Franz
Handbuch der Seemannschaft
1. Auflage 2012
92 Seiten Paperback
40,00 € (D)
Sprache: Deutsch
ISBN/EAN: 9783954270316

Wer heute von der „Einbindung einer Jungfer auf die alte Art" spricht, meint vermutlich nicht das, was uns Franz Ulffers, seines Zeichens Corvetten-Kapitän aus Leer in Ostfriesland, erläutern wollte. Bei Ulffers jedenfalls geht es um die Befestigung der Unterwanten am Schiffskörper.
Sein 1871 erstmals erschienenes reich bebildertes Standartwerk mit dem Titel „Handbuch der Seemannschaft", beschreibt anschaulich und lehrreich auf 41 Tafeln, was der Seemann zu jener Zeit handwerklich beherrschen musste. Das Stellen eines Mastes ohne Hilfsmittel, das Ersetzen eines Bugspriets, aber auch sämtliche Reparaturen am stehenden und laufenden Gut - all das und noch viel mehr wird durch Zeichnungen exakter dargestellt, als Worte es je vermögen können.
Man merkt dem Original an, dass es in einer Zeit entstand, in der Lesen und Schreiben ein Privileg darstellte.
Wer damals auf einem Segelschiff fuhr, musste nahezu das gesamte Spektrum des Bootsbaus beherrschen. Insbesondere das Rigg als einzige Antriebsmaschine war ständigem Verschleiß ausgesetzt, Ausbesserungs- und Reparaturarbeiten waren das tägliche Brot der Besatzungen. Nicht selten kam es vor, dass auf einer Reise nahezu die gesamte Takelage erneuert wurde.

van der Horst, Petrus
Beschreibung von der Kunst der Schifffahrt (1676)
1. Auflage 2012
268 Seiten Paperback
34,90 € (D)
Sprache: Deutsch
ISBN/EAN: 9783954271474

Der Autor, nach eigener Konfession ein "Liebhaber der Navigatie", hat in diesem opulenten Werk aus dem Jahr 1676 beschrieben, was man zu jener Zeit über die Schifffahrt, die Navigation, den Schiffbau und das Leben auf alten Schiffen zu berichten hatte.
Dabei entstand ein umfangreiches Buch, das in weiten Teilen fast schon utopische Züge annimmt, wenn man bedenkt, mit welcher Begeisterung und Treffsicherheit der Autor unter anderem über die Zukunft der Schifffahrt spekuliert. Insgesamt ein einzigartiges Werk aus der einer anderen Zeit.

van Hüllen, Adolf
Leitfaden für den Unterricht im Schiffbau an den Lehranstalten der kaiserlichen deutschen Marine
1. Auflage 2012
436 Seiten Paperback
49,90 € (D)
Sprache: Deutsch
ISBN/EAN: 9783954270156

Dieses Handbuch für den Marineschiffbau entstand zu einer Zeit, in der der Holzschiffbau langsam vom Eisen- und Kompositbau abgelöst wurde, beides aber noch im großen Stil miteinander konkurrierte. Das Lehrbuch für Schiffbauer und Ingenieure der Marine war daher ein Standartwerk sowohl für den Holz- als auch für den Eisenschiffbau, das alle Bereiche des theoretischen und praktischen Schiffbaus im 19. Jahrhundert abdeckte. Darüber hinaus werden Bemastung und Takelung, Bewaffnung und die Ausrüstung sowie die Konservierung von Schiffen detailliert behandelt.

Das Buch richtet sich in erster Linie an Marineschiffbauer, ist aber in weiten Teilen auch für den Handelsschiffbau zu gebrauchen. Dies gilt speziell für den Teil über den theoretischen Schiffbau. Der Autor lehrte als Marineoberingenieur an der Kaiserlichen Marine-Akademie zu Kiel und schuf mit diesem Buch das Standartwerk im akademischen Unterricht.

Bei dem Buch handelt es sich um einen sehr aufwändig gescannten, vollständig neu gesetzten Text mit vielen originalen Zeichnungen und Tabellen, das sich an Liebhaber maritimer Geschichte und klassischem Schiffbau richtet.

Verein für Socialpolitik
Die Rheinschiffahrt im 19. Jahrhundert
1. Auflage 2012
564 Seiten Paperback
49,90 € (D)
Sprache: Deutsch
ISBN/EAN: 9783954271283

Der Rhein war immer schon mehr als deutsche Romantik, er war ganz prosaisch betrachtet eine intensiv genutzte Wasserstrasse, die im 19. Jahrhundert dem Höhepunkt ihrer wirtschaftlichen Bedeutung zustrebte. Der zunehmende Wettbewerbsdruck durch die Eisenbahnen veranlasste diese Untersuchung aus dem Jahr 1905 über die Verkehrsverhältnisse auf dem Rhein.

Dabei werden die Verwaltungsverhältnisse, die technischen Besonderheiten des Stroms und seiner Schiffahrt, die Rheinflotte und ihre Entwicklung, der Schiffbau am Rhein sowie die betroffenen großen und kleinen Betriebe im Detail beschrieben. So entsteht ein Gesamtbild der Schifffahrt auf dem Rhein im 19. Jahrhundert, das seinesgleichen sucht.

Verhofsek, Rudolf; Herner, Heinrich
Entwurf und Einrichtung von Handelsschiffen
4. Auflage 2012
516 Seiten Paperback
49,90 € (D)
Sprache: Deutsch
ISBN/EAN: 9783954270460

Dieses Grundlagenwerk zum Handelsschiffbau aus der Zeit des 2. Weltkriegs befasst sich sehr umfassend mit allen Aspekten des zeitgenössischen Schiffbaus.
Schiffstypen, Schiffsformen, Gewichte und Schwerpunkt, Antriebsanlage, Entwurfsrechnung einschließlich Freibord, Aus- und Einrichtung, Schlepp- und Steuerreinrichtungen, Lade- und Staueinrichtungen, Heizung, Lüftung und Kühlung werden ausführlich behandelt. Hinzu kommen Kapitel zur Vermessung sowie die einschlägigen Vorschriften für den Schiffbau. Abgerundet wird das Buch mit zahlreichen Bildern und Tafeln.

Verlagswerke, Deutsche
Deutsche Schiffsdieselmotoren (1935)
1. Auflage 2012
148 Seiten Paperback
39,90 € (D)
Sprache: Deutsch
ISBN/EAN: 9783954270897

Einzigartiger, neu bearbeiteter historischer Sammelband über alle zeitgenössischen deutschen Schiffsdieselmotoren nebst deren Peripherie (Einspritztechnik etc.). Das Buch stellt alle Dieselmotoren im Detail und mit Bild vor und enthält darüber hinaus historisch wertvolles Material über die Geschichte aller deutschen Dieselmotorenwerke (MAN, Deutz, Krupp, Howaldtswerke, AEG, Daimler-Benz AG, Maybach, Deutsche Werke Kiel).

von Langsdorff, Werner
U-Boote am Feind

1. Auflage 2012
360 Seiten Paperback
29,90 € (D)
Sprache: Deutsch
ISBN/EAN: 9783954271023

Dieses Buch aus dem Jahr 1937 erzählt den U-Boot-Krieg im Atlantik aus der Sicht von 45 deutschen U-Boot-Fahrern. Entstanden ist so ein packendes, dabei für die Zeit erstaunlich unprätentiöses Buch, das die Faszination der Technik ebenso kolportiert wie den Schrecken des U-Boot-Krieges.

von Reuter, Ludwig
Scapa Flow

1. Auflage 2012
164 Seiten Paperback
34,90 € (D)
Sprache: Deutsch
ISBN/EAN: 9783954271153

Admiral Ludwig von Reuter schildert die letzten Monate der deutschen Flotte im Ersten Weltkrieg vom Waffenstillstand im November 1918 bis zur Versenkung der Flotte am 21 Juni 1919 auf seinen eigenmächtigen Befehl, der einen Bruch des Waffenstillstandvertrages bedeutete. 74 deutsche Schiffe waren in der Bucht Scapa Flow bei den Orkney Inseln interniert. Da Reuter nicht an eine Annahme des Friedensvertrages von Versailles glaubte, wollte er die Flotte nicht in britische Hände fallen lassen – was die letzten Todesopfer des ersten Weltkrieges forderte.

von Viebahn, F. W.
Auswahl und Einbau von Bootsmotoren
(1925)

1. Auflage 2012
92 Seiten Paperback
24,90 € (D)
Sprache: Deutsch
ISBN/EAN: 9783954270927

In den 1920er Jahren begann man auch diesseits des Ozeans damit, Boote vermehrt mit Motoren auszurüsten. Viele Eigner, aber auch manche der zahlreichen Werften betraten damit Neuland.

Sowohl die Auswahl der Motoren - es gab bereits Benzin- und Dieselmotoren mit hohen Reifegraden - als auch deren Einbau werden in diesem Grundlagenwerk beschrieben. Das gilt auch für den damals noch regelmäßig auftretenden und besonders anspruchsvollen Sachverhalt des Einbaus einer Maschine in ein Boot, das ohne Rücksicht hierauf konstruiert und gebaut wurde.

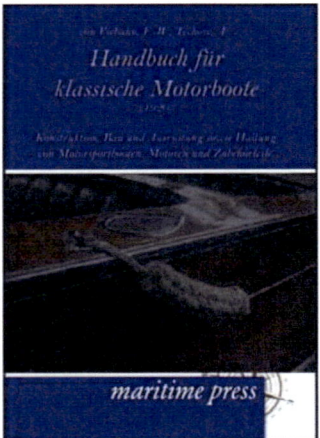

von Viebahn, F.-W.; Techow, A.
Handbuch für klassische Motorboote
(1920)

1. Auflage 2012
404 Seiten Paperback
44,90 € (D)
Sprache: Deutsch
ISBN/EAN: 9783954270330

Dieses ursprünglich zweibändige (hier zu einem Buch zusammengefasste) Werk aus dem Jahre 1920 behandelt umfassend alle denkbaren technischen Fragen rund um das zeitgenössische Motorboot.

Dabei wird in einer heute nicht mehr bekannten Detailfülle angefangen von der Formgebung und Konstruktion, den Baumaterialien, der Bauausführung, der Antriebsmaschine und allen Nebenaggregaten, bis hin zum Innenausbau, der Seemannschaft und - auch heute noch wichtig - der Instandhaltung und Restaurierung alles rund um das Motorboot behandelt.

Wer möchte, kann nach Lektüre dieses reich bebilderten Handbuches ohne weiteres sein eigenes hölzernes Motorboot bauen.

von Werner, Bartholomäus
Ein deutsches Kriegsschiff in der Südsee

1. Auflage 2012
676 Seiten Paperback
49,90 € (D)
Sprache: Deutsch
ISBN/EAN: 9783954271160

von Werner, Bartholomäus
Die Kampfmittel zur See

1. Auflage 2012
164 Seiten Paperback
29,90 € (D)
Sprache: Deutsch
ISBN/EAN: 9783954271290

Am 4. November 1877 lief die Ariadne unter dem Kommando von Korvettenkapitän B. von Werner von Wilhelmshaven zu einer Fahrt nach Mittel- und Südamerika und in die Südsee aus. Im März 1878 traf sie in Panama die Schiffe des Zentralamerikanischen Geschwaders und nahm mit ihnen zunächst an der Beilegung der Eisenstuck-Affäre in Nicaragua teil, einer für die damalige Zeit typischen Maßnahme einer letztlich gewaltfreien Kanonenboot-Politik.

Die eigentliche Südseereise begann am 16. September 1878 in Sydney, wo einige Matrosen desertierten. Die weitere Fahrt verlief über Samoa, Tonga, Viti Levu, Ellice-, Gilbert- und Marshallinseln, wo er im November 1878 mit den Oberhäuptlingen von Jaluit einen Vertrag abschloss, der neben einigen Rechten und Vorteilen auch die exklusive Anlage einer Kohlestation gewährleistete. Weiter ging die Reise über die Carteret-Inseln zum Bismarck-Archipel, wo als erste deutsche Besitzungen zwei Häfen durch Kauf erworben wurden, und zurück nach Samoa. Dort blieb das Schiff bis zum Mai 1879, nachdem es im Januar die beiden samoanischen Hafenorte Falealili und Saluafata auf der Insel Upolu besetzt hatte, damit der deutsche Konsul in Samoa ein Mittel in der Hand hatte, auf die Regierungen von Samoa und den USA Druck ausüben zu können.

Dieses Buch des berühmten Marineschriftstellers und Konteradmirals Bartholomäus von Werner aus dem Jahr 1892 beschreibt alle damals bekannten Methoden der Kriegsführung zur See. Panzerschiffe und Torpedoboote, Panzerkanonenboote sowie Waffen und andere Angriffs- und Verteidigungsmittel werden ausführlich in Wort und Bild vorgestellt.

So entstand das einmalige Werk eines erfahrenen Praktikers, das tiefe Einblicke in die geheimnisvolle Welt der Marine und ihrer Technik vor der Jahrhundertwende gewährt.

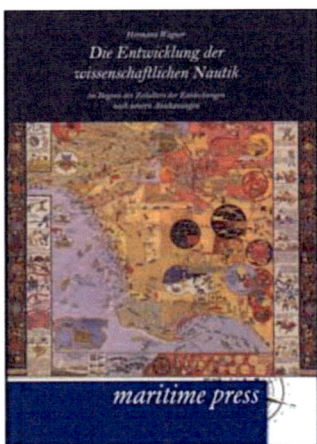

Wagner, Hermann
Die Entwicklung der wissenschaftlichen Nautik

. Auflage 2012
68 Seiten Paperback
19,90 € (D)
Sprache: Deutsch
ISBN/EAN: 9783954270804

Dieses Buch beschreibt im Detail die gesamte Geschichte der frühen wie der modernen wissenschaftlichen Nautik und verdeutlicht, wie elementar schwierig die Bedingungen früher in der Seefahrt waren. Auch heute noch ein äußerst lesenwertes Buch, das dem Leser die Grundlagen der Nautik im Zeitalter vor der Satellitennavgation nahe bringt.

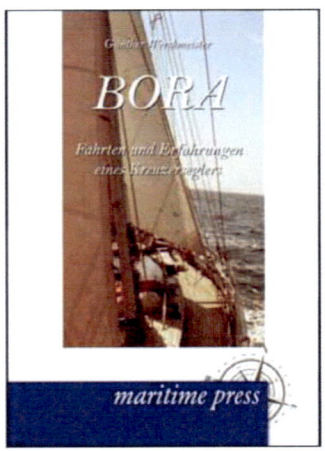

Werckmeister, Günther
BORA

1. Auflage 2012
388 Seiten Paperback
42,90 € (D)
Sprache: Deutsch
ISBN/EAN: 9783954270415

Das 1928 erschienene sehr umfassende Buch von Günther Werckmeister, einem der deutschen Pioniere des Fahrtensegelns, beschreibt nicht nur anschaulich und reich bebildert die Auswahlkriterien für eine Fahrten- und Kreuzeryacht und deren Ausrüstung und Pflege, sondern erzählt darüber hinaus von etlichen Reisen nach Norwegen, England und die Ostsee.
Dabei kommen auch technische Aspekte nicht zu kurz. So wird der "ideale" Seekreuzer gesucht, die beste Takelage erörtert und die gesamte erforderliche Ausrüstung dezidiert beschrieben.
Hinzu kommt die präzise Beschreibung von 30 Häfen und Ankerplätzen zwischen Göteborg und dem Sognefjord.
Wer heute plant, mit einer traditionellen Yacht auf große Fahrt zu gehen, findet hier viele einmalige Informationen, die auch noch gut und spannend aufgeschrieben sind.

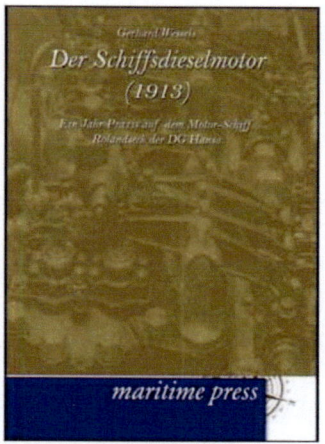

Werner, R.
Die Schule des Seewesens

1. Auflage 2012
440 Seiten Paperback
44,90 € (D)
Sprache: Deutsch
ISBN/EAN: 9783954270422

Reinhold Werner bekleidete in den 80er Jahren des vorigen Jahrhunderts den Rang eines "Königlich-Preußischer Corvetten-Kapitäns" und war somit einer der wenigen privilegierten Protagonisten der Seefahrt.
Sein hier wieder aufgelegtes umfassendes Handbuch der praktischen Seemannschaft und Steuermannskunst diente seinerzeit als universelle Handlungsanleitung für Schiffsoffiziere im Einsatz. Hierbei ging es Werner in erster Linie um die Darstellung der praktischen Seemannschaft an Bord der Schiffe. Dies gelingt ihm in atemberaubender Weise und hebt sein Werk deutlich von den althergebrachten Darstellungen zeitgenössischer Seemannschaft ab.

Wessels, Gerhard
Der Schiffsdieselmotor (1913)

1. Auflage 2012
60 Seiten Paperback
29,90 € (D)
Sprache: Deutsch
ISBN/EAN: 9783954270743

Im Jahr 1912 baute die Bremerhavener Tecklenborg-Werft für die Deutsche Dampfschiffahrts-Gesellschaft "Hansa" in Bremen das erste deutsche Einschrauben-Motorschiff mit Öl-Motor. Die Rolandseck wurde von einem sechszylindrigen Zweitakt-Dieselmotor angetrieben. Bei der Probefahrt am 16. November 1912 war Rudolf Diesel persönlich anwesend.
Gerhard Wessels, der Verfasser dieses Titels, war leitender Maschinist der "Rolnadseck" und damit einer der Pioniere der Einführung des Öl-Motors in die deutsche Handelsschifffahrt. Mit diesem Buch aus dem Jahr 1913 hat er die Erfahrungen des ersten Jahres im Betrieb des Schiffes niedergeschrieben. Hierbei geht es auch um Betriebsstörungen, deren Ursachen und Abhilfen - Themen, die auch heute noch aktuell sind.

Weyprecht, Karl
Die Metamorphosen des Polareises
1. Auflage 2012
300 Seiten Paperback
39,90 € (D)
Sprache: Deutsch
ISBN/EAN: 9783954270880

Karl Weyprecht war einer der großen deutschsprachigen Pioniere der Polarforschung. Die unter seiner Leitung durchgeführte legendäre Österreichisch-Ungarische Arktische Expedition in den Jahren 1872 bis 1874 diente dem Ziel der Erforschung der Nordost-Passage von der Bering- zur Barentssee, scheiterte aber, als die "Admiral Tegethoff", Weyprechts Schiff, im Packeis zermahlen wurde und vor dem Franz-Josef-Land unterging. Es ist nicht zuletzt Karl Weyprecht zu verdanken, dass die Expedition gleichwohl glimpflich ausging und vielmehr noch, dass sie erstaunliche wissenschaftliche Erkenntnisse zeitigte.
Dieses Buch erzählt die packende Geschichte der Expedition und des Schicksals der Teilnehmer.

White, William Horatio
Handbuch für den Schiffbau aus dem Jahre 1877
1. Auflage 2012
712 Seiten Paperback
59,90 € (D)
Sprache: Deutsch
ISBN/EAN: 9783954270309

Im ausgehenden 18. Jahrhundert richtete sich die Fachliteratur noch weitgehend an den Fachmann war dementsprechend schwer verständlich. Der Autor dieses umfassenden Werkes zum gesamten Schiffbau seiner Zeit bricht erfreulicherweise mit jener Tradition.
Dieses Buch in der Übersetzung von Adolf van Hüllen, selber Autor eines bekannten Standartwerkes zum Schiffbau, richtet sich an den Schiffsoffizier, der seine schiffbautechnische Neugier zu befriedigen suchte, ohne selber das Fach zu studieren. Dabei liegt ein gewisser Fokus auf dem Marineschiffbau, aber auch andere Formen zeitgenössischen Schiffbaus werden in dem umfangreichen Werk ausführlich behandelt.
Ein spezielles Kapitel widmet sich dem sich seinerzeit stark prosperierenden Dampfmaschinenantrieb von Schiffen.

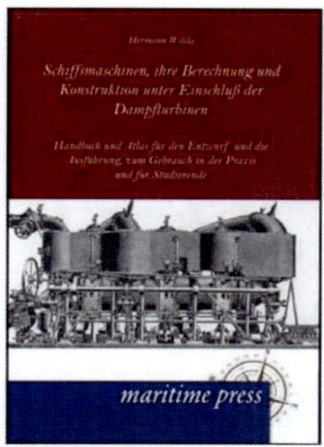

Wilda, Hermann
Schiffsmaschinen, ihre Berechnung und Konstruktion unter Einschluß der Dampfturbinen
2. Auflage 2012
448 Seiten Paperback
59,90 € (D)
Sprache: Deutsch
ISBN/EAN: 9783954270873

Es handelt sich hier um das umfangreichste und detailreichste Werk seiner Zeit über alle bekannten Schiffsmaschinen (1905), nach dem Generationen von Ingenieuren und Maschinisten ihr Handwerk erlernten und ausübten. Für den Betrieb historischer Motorschiffe bis heute maßgebendes Grundlagenwerk, das sowohl Dampfmaschinen wie Ölmotoren behandelt.

Wislicenus, Georg
Deutschlands Seemacht einst und jetzt
1. Auflage 2012
216 Seiten Paperback
34,90 € (D)
Sprache: Deutsch
ISBN/EAN: 9783954271207

Im Jahr 1895, als dieses Werk entstand, war man fest davon überzeugt, dass die Seemacht alleine über das Schicksal der Völker bestimmte. Im Zuge der erbitterten Debatte um die deutschen Flottengesetze und die Wiederaufrüstung Deutschlands wurden zunehmend nationalistische Töne laut, die mit viel Pathos und gewaltigen Bildern der Marine das Wort redeten.
In jenem Kontext entstand dieses Buch, das mit vielen der typischen Bilder des berühmten Marinemalers Willy Stöwer ausgestattet ist und das dem Leser genau vor Augen führt, warum allein in der Seemacht das Heil Deutschlands liegt. Dabei ist das Buch auch heute noch in seiner Analyse, aber auch wegen der zahlreichen Detailinformationen zur Schifffahrt jener Zeit sehr interessant.

Zenker, Wilhelm
Die kommerzielle Bedeutung des Suezkanals
1. Auflage 2012
84 Seiten Paperback
24,90 € (D)
Sprache: Deutsch
ISBN/EAN: 9783954271566

Der 163 km lange Suezkanal war einen der wichtigsten Schifffahrtswege für den globalen Handel vor dem Ersten Weltkrieg. Bei seiner Eröffnung im Jahr 1869 fehlte aber vielerorts noch der Glauben an den tatsächlichen Erfolg und Nutzen des Kanals, und auch in Deutschland herrschte die Meinung vor, dass das Projekt zum Scheitern verurteilt sei. Der Berliner Wissenschaftler Wilhelm Zenker sah im Suezkanal von Beginn an eine echte Chance für die langfristige Neugestaltung der europäischen Handelsverhältnisse, von denen vor allem Deutschland profitieren könnte. In seinem kurz vor Eröffnung des Kanals verfassten Bericht beschäftigt sich der Autor neben der Analyse der historischen Fakten und der besonderen Herausforderungen des Kanalbaus daher primär mit der Frage, für welche Handelswaren die Dampfschifffahrt durch den Suezkanal gegenüber der Segelschifffahrt um Afrika herum konkurrenzfähig wäre und wie sich das Wissen in diesem Bereich für die deutsche Wirtschaft zunutze machen ließe.
<i>„Mein Ziel, was ich zu erreichen hoffe, ist nur, dass die deutsche Handelswelt, sozusagen, nicht ohne Programm diesem Erlebnis zusehe - hoffentlich dem wichtigsten dieses Jahres und vielleicht segensreichsten dieses Jahrhunderts.

Ziebarth, Erich
Geschichte des Seeraubs und Seehandels im alten Griechenland
1. Auflage 2012
156 Seiten Paperback
39,90 € (D)
Sprache: Deutsch
ISBN/EAN: 9783954270859

Seehandel und Seeraub sind so alt wie die griechische Geschichte. Ohne sie wäre die Argonautensage nicht zu verstehen, ohne sie wäre die Sage von den trojanischen Kriegen nicht entstanden. Hierbei erweist sich der Seeraub, und viel mehr noch die Erzählungen hierüber, als gewichtige Quelle, denn über ihn gibt es mehr zu berichten als über den ordinären Seehandel. Gleichwohl sind beide Phänomene nicht voneinander zu trennen.
Dieses Buch analysiert die Verhältnisse von der Frühzeit bis hin zur hellenistischen Zeit und enthält ein umfangreiches Quellen- und Sachverzeichnis.